123 FOTOWORKSHOP KOMPAKT

FOTOSCHULE DES SEHENS (HRSG.)

Grundlagen Bildgestaltung

Profifotos in 3 Schritten

Faszinierende Bildideen und ihre Umsetzung

humboldt

INHALT

ÜBER DIE FOTOSCHULE DES SEHENS

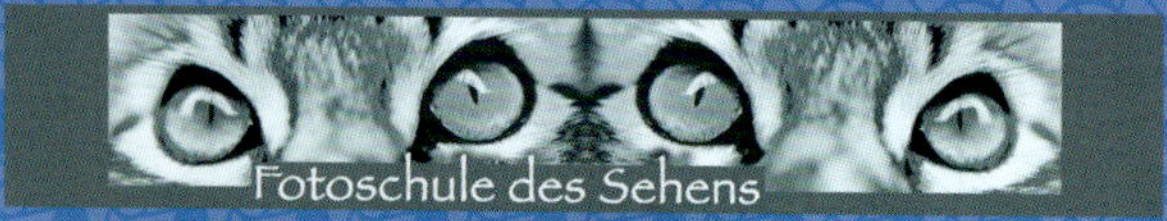

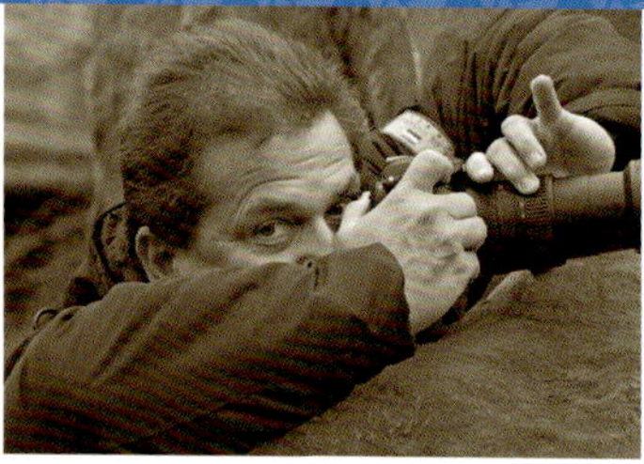

Der Fotografenmeister Peter Uhl gründete zusammen mit seiner Frau, der Diplom-Biologin und Fotografin Martina Walther-Uhl, 2008 die Fotoschule des Sehens.

Zunächst starteten sie mit einem kleinen Fotoseminarangebot im Raum Hannover. Doch aufgrund stark wachsender Nachfrage zu verschiedensten Fotothemen vergrößerten sie kontinuierlich ihr Fotoseminarangebot, nicht nur thematisch, sondern auch regional. Heute bieten beide als Fotoschule des Sehens europaweit etwa 100 ein- und mehrtägige Fotoseminare pro Jahr an. Das komplette Seminar-

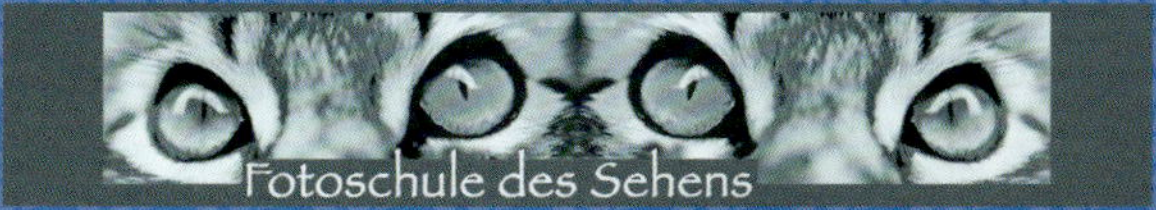

angebot ist auf der Website **www.fotoschule-des-sehens.de** ersichtlich.

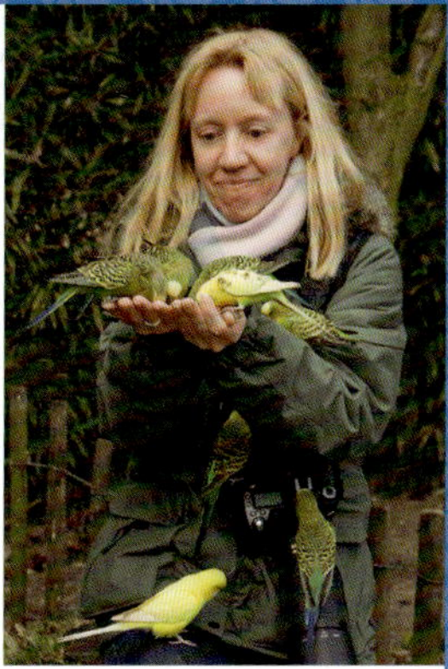

Der Erfolg liegt nicht nur im fundierten fachlichen Wissen, das beide in den Fotoseminaren vermitteln. Eine große Rolle spielt auch die Fähigkeit, komplexe Zusammenhänge der Fotografie leicht verständlich und für jedermann schnell erfassbar zu beschreiben. Die Seminaratmosphäre ist so gestaltet, dass jede Frage ernst genommen und ausführlich beantwortet wird.

In allen Fotoseminaren kommt immer wieder ein Leitsatz für die Fotografie zum Ausdruck: Fotografieren soll Spaß machen und neue Sichtweisen ermöglichen, aber nicht zum Leistungsdruck werden.

VORWORT

In unseren Seminaren hören wir oftmals von Teilnehmern, dass ihnen ihre eigenen Bilder langweilig erscheinen und sie gekommen sind, weil sie sich Anregungen erhoffen, ihre Bilder interessanter zu gestalten. Andere erzählen, dass sie Bildgestaltung ganz automatisch aus dem Bauch heraus machen, können aber nicht beschreiben, warum sie den Bildausschnitt genau so gewählt haben und nicht anders. Meist wird dann gesagt: „Es gefällt mir so besser als anders." Das ist eine gute Ausgangsbasis, wenn man sagen kann, was einem besser gefällt. Doch noch besser wäre es, auch zu wissen, warum. Denn oftmals ist es die bewusste Bildgestaltung, die den Unterschied macht zwischen einem Foto, das einem nicht gefällt, und einem interessanten Foto, bei dem die Vorstellung davon, wie es aussehen soll, bereits vorhanden war.

Damit sich unsere Teilnehmer bewusst mit Bildgestaltungselementen auseinandersetzen, gehen wir in unseren Seminaren zum Thema Bildgestaltung den umgekehrten Weg: Wir stellen ihnen zunächst einige Elemente der Bildgestaltung vor, und die Teilnehmer sollen danach versuchen, diese auf dem gemeinsamen Fotospaziergang durch die Stadt fotografisch umzusetzen. Hier wird also das Motiv anhand des fotografisch umzusetzenden Bildgestaltungselements gesucht. Keine leichte Aufgabe, aber der Umweg lohnt sich, um sich ernsthaft mit den Bildgestaltungselementen auseinanderzusetzen und sie zu verinnerlichen.

In unserem Buch „Grundlagen der Bildgestaltung“ werden wir verschiedene Möglichkeiten, mit denen Sie Fotos gestalten können, aufführen und viele einzelne Bildgestaltungselemente vorstellen, sodass Sie eine ganze Palette von Ideen an der Hand haben, mit denen Sie Ihre Bilder bewusster und anders gestalten können.

Viel Spaß beim Ausprobieren wünschen Ihnen

Peter Uhl und Martina Walther-Uhl
von der Fotoschule des Sehens

WARUM EIGENTLICH BILDGESTALTUNG?

Beim Fotografieren macht man sich häufig gar keine Gedanken, wie die Aufnahme hinterher wirken soll, und ist beim Betrachten des Bildergebnisses vielleicht enttäuscht, hatte man die Szene doch anders wahrgenommen. Das Foto erscheint dem Fotografierenden langweilig, flach und entspricht nicht der erlebten Situation. Das kann es auch nicht, denn es ist ein Unterschied, wie wir sehen und wie die Kamera „sieht".

Der erste große Unterschied ist, dass wir dreidimensional sehen, das Foto aber immer nur zwei Dimensionen hat, nämlich hoch und breit. Die Tiefe, also die Räumlichkeit, geht im Foto erst einmal verloren. Der zweite Unterschied ist, dass wir Dinge nicht nur mit den Augen sehen, sondern mit allen Sinnen wahrnehmen. Die Kamera erlebt die Situation nur mit ihrem „Auge", also dem Objektiv. Und der dritte Unterschied ist, dass wir beim Erleben einer Situation oftmals ganz selektiv auf etwas schauen und den Rest einfach ausblenden. Auf dem Foto muss das Ausblenden bewusst geschehen, sonst sind die vom Motiv ablenkenden Gegenstände mit auf dem Bild drauf.

Dies sind nur ein paar Unterschiede zwischen dem, wie wir unsere Umwelt erleben und wie anders die Kamera sie „sieht“. Ihre Fotos interessanter und ausdrucksstärker zu machen gelingt, wenn Sie die Möglichkeiten der Bildgestaltung kennen und bewusst einsetzen. Mit bewusster Bildgestaltung kann man den Blick des Betrachters lenken. Somit wird die Gestaltung des Bildes zur wichtigen Tätigkeit beim Fotografieren, sei es durch Anwendung bestimmter Techniken bei der Aufnahme oder durch gezieltes Einbeziehen oder Weglassen bei der Wahl des Bildausschnitts.

BILDGESTALTUNGS-ELEMENTE

Vorweg gesagt: Oftmals sind in einem einzigen Foto gleichzeitig mehrere Gestaltungsmittel enthalten, das lässt sich nicht immer trennen. Trotzdem werden wir Ihnen im Folgenden die Bildgestaltungselemente einzeln vorstellen und auch später in den Workshops immer das zugrunde liegende Hauptgestaltungsmittel benennen.

Unsere Auswahl der Bildgestaltungselemente ist nicht allumfassend und auch nicht abschließend, sondern eben eine Auswahl. Sicher gibt es noch mehr Möglichkeiten, Fotos bewusst zu gestalten, doch die Bildgestaltungselemente, die wir Ihnen vorstellen, sind am geläufigsten und bekanntesten. Zur besseren Übersicht haben wir sie in vier Gruppen zusammengefasst:

- Grafische Elemente
- Bildaufbau
- Mit der Kamera gestalten und
- Bilddesign

Mit grafischen Elementen gestalten

Die grafischen Elemente Punkte, Linien und Flächen können gut für die Gestaltung von Fotos eingesetzt werden, um den Blick des Betrachters einzufangen und zu führen. Im Folgenden stellen wir Ihnen die wichtigsten grafischen Elemente und Ihre Wirkungen auf den Bildbetrachter vor.

Einer oder mehrere Punkte

Wenn wir von Punkten reden, meinen wir nicht winzig kleine Pünktchen in der Größe von Nadelspitzen, sondern Bereiche im Bild, die sich durch ihre Farbe und Form gut von ihrer Bildumgebung abheben. Ein Punkt füllt im Foto zwar nur einen kleinen Bereich aus, ist also klein im Verhältnis zum Rest des Bildes, erregt aber die Aufmerksamkeit des Betrachters, wenn er sich gut vom Rest des Bildes abhebt, z.B. durch seine Farbe oder seine Helligkeit. Ein einzelner Punkt im Bild wirkt ruhig und hält den Blick des Betrachters fest. Mehrere Punkte werden übrigens, wenn sie dicht nebeneinander liegen, als Linie wahrgenommen.

Doch Vorsicht: So wie Sie durch einen bewusst gesetzten Punkt im Foto den Blick des Betrachters lenken können, tun dies unbeabsichtigte Punkte im Bild ebenfalls, z.B. ein Stück Papier, das sich mit aufs Foto geschlichen hat, oder ein heller Lichtfleck, der, einmal wahrgenommen, den Blick des Betrachters immer wieder vom Motiv wegzieht.

Siehe Workshop „Ein einzelner Punkt fällt auf".

Horizontale und vertikale Linien

Linien ziehen den Blick des Betrachters nicht nur an, sondern führen ihn zusätzlich durch das Bild. Dabei können Linien auf den Fotos durch verschiedene Weise entstehen, z. B. wenn das Motiv selbst wie eine Linie wirkt (z. B. Horizont, Bäume) oder als gedachte Linien durch einzelne nahe beieinanderliegende Bildelemente, z. B. wie weiter oben erwähnt einzelne Punkte.

Je nach ihrer Ausrichtung im Bild wirken Linien sehr unterschiedlich. **Horizontale Linien** vermitteln den Eindruck von Ruhe. Liegen mehrere horizontale Linien im

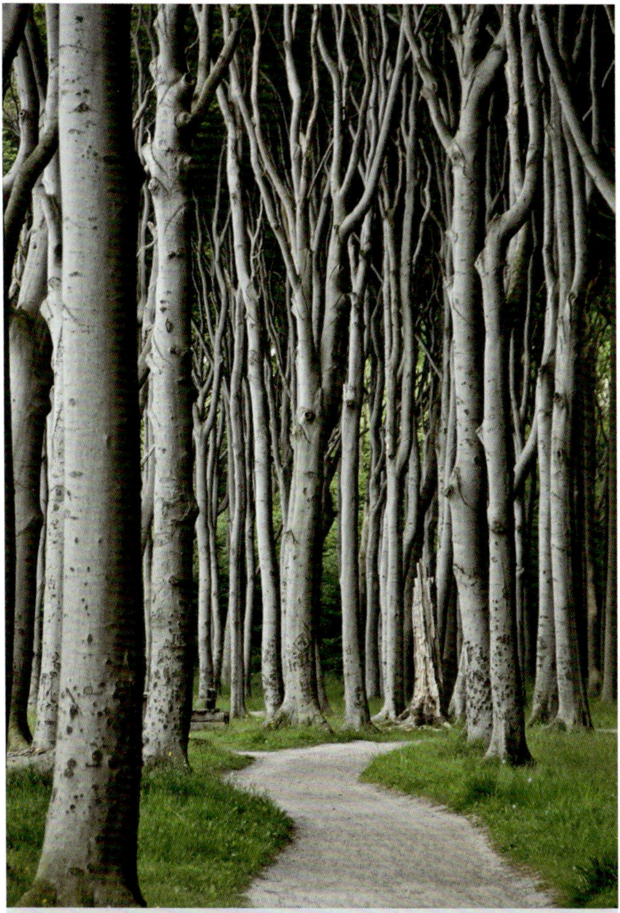

Siehe Workshop „Vertikale Linien verwehren Durchgang".

Bild hintereinander, bekommt das Foto räumliche Tiefe. Bei **vertikalen**, also senkrechten, **Linien** als Motiv können Sie gut bei der Aufnahme das Hochformat wählen. Mehrere **vertikale Linien** nebeneinander erwecken allerdings schnell den Eindruck einer Art Barriere oder eines Zaunes, bspw. mehrere Bäume nebeneinander, die den „Eintritt" ins Bild erschweren (siehe Workshop „Vertikale Linien verwehren den Durchgang"). Ein weiteres Bildgestaltungsmittel mittels Linienführung ist der Fluchtpunkt (siehe „Gestalten beim Bildaufbau: Fluchtpunkt").

Diagonalen

Sie haben die stärkste Dynamik unter den Linien. Bei Hoch- und Querformat unterscheiden sich die Diagonalen im Bild stark voneinander, da eine Diagonale im Hochformat natürlich sehr viel steiler ist als eine im Querformat. Eine von links unten nach rechts oben verlaufende Diagonale wirkt harmonisch. Eine Diagonale von links oben nach rechts unten abfallend dagegen lässt unseren Blick schnell aus dem Bild herausrutschen. Je nachdem, wie Sie die Diagonalen ins Bild legen, führen sie uns entweder hinauf oder hinab. Legen Sie zwei gegenläufige Diagonalen ins Bild, heben sich die beiden Linien in ihrer Dynamik auf, und das Bild wirkt wieder neutraler.

Kurven

Kurven sind nichts anderes als geschwungene Linien. Sie erscheinen aber weicher, oftmals natürlicher und fließend. Das Auge folgt dem Verlauf der Kurve oder der Kurven im Bild. Somit eignen sich Kurven bestens zur Blickführung des Betrachters. In der Natur finden Sie öfter Kurven, z. B. bei den übereinanderliegenden Blättern des Farns (siehe Workshop „Sanfte Kurven“).

Flächen

Hierzu zählen Kreise, Ovale, Dreiecke, Rechtecke und Quadrate. Auf die Dreiecke und die Kreise möchten wir kurz eingehen: Anders als Linien, die immer in bestimmte Richtungen zeigen und somit in mehr oder weniger dynamische Beziehung mit dem Bildrand treten, weist der **Kreis** in keine bestimmte Richtung. Sein Durchmesser ist an allen Stellen gleich, er wirkt geschlossen und stabil. Platzieren Sie einen Kreis im oberen Bereich des Fotos, wirkt er schwebend, weiter unten im Foto dagegen erscheint er schwer und träge.

Dreiecke bringen Ordnung ins Bild. Gedachte Dreiecke lassen sich leicht finden und fotografisch umsetzen. Denn zur gedanklichen Konstruktion eines Dreiecks benötigt der Fotograf nur drei Elemente im Bildausschnitt, die der Betrachter des Bildes später dann meist unbewusst durch imaginäre Linien miteinander verbindet.

Gestalten beim Bildaufbau

Ihre Möglichkeiten, den Bildaufbau interessant zu gestalten, sind vielfältig. Einige der bekanntesten Gestaltungselemente des Bildaufbaus sind sicherlich der Goldene Schnitt und der Fluchtpunkt. Doch auch mittels Kamerahöhe, Perspektive und Aufnahmestandort können Sie Ihre Fotos beeinflussen, Dinge im Foto hervorheben oder auch ausschließen. Ebenso machen wir Sie mit den Schlussfolgerungen, die sich aus den Gesetzen der Gestaltpsychologie für fotografische Bildgestaltung ergeben, vertraut. Und natürlich mit noch weiteren Aspekten, mit denen Sie Ihre Fotos bewusster gestalten und abwechslungsreicher machen können.

Perspektive und Standort

Die Wahl von **Perspektive** und **Standort** kann einen ziemlich großen Einfluss auf die Wirkung Ihrer Fotos haben. Oftmals werden Fotos vom ersten besten Standort gemacht und aus Augenhöhe des Fotografen. Häufig ist diese – abhängig vom Motiv – aber zu hoch oder zu niedrig für ein spannendes Foto. Denn spannend wird ein Foto beispielsweise immer dann, wenn wir Dinge einmal anders sehen als gewohnt. Und dies kann durch einen bewusst gewählten Standort und eine von der gewöhnlichen Sichtweise abweichende Aufnahmehöhe geschehen.

Verschiedene Standorte und Perspektiven vermitteln andere Eindrücke und auch andere Gefühle von dem, was man sieht. Für ausdrucksstarke Fotos ist es also wichtig, sich um das Motiv herumzubewegen, verschiedene Standorte auszuprobieren und die neue Sichtweise auf sich wirken zu lassen. Ebenso kann ein Schritt nach links oder rechts bewirken, dass störende Elemente von dem neuen Standort aus aufgenommen nicht mehr im Bildausschnitt auftauchen oder dass sich Überschneidungen vermeiden lassen (siehe Workshop „Maßarbeit: Es kommt auf Zentimeter an“).

Bei einer **Perspektive mit Blick von oben** (Vogelperspektive) auf kleine Dinge, z. B. kleine Kinder oder kleine Tiere, kann der Hintergrund – meist der Boden – viel zu dominant werden. Außerdem wird Ihr Motiv aus der Sicht von oben leicht zusammengedrückt, also nochmals verkleinert. Dagegen sind Straßenszenen – egal ob bei Tag oder bei Nacht – von oben betrachtet interessant. Eine **Perspektive auf Augenhöhe** wirkt bei Menschen natürlich und bei kleinen Tieren oftmals spannend und überraschend. Wenn Sie mit der Kamera nach unten gehen und eine niedrigere Perspektive wählen – die **Froschperspektive** –, wirkt Ihr Motiv größer, teilweise sogar bedrohlich durch die schräg nach oben gehaltene Kamera. Aber auch Straßen erscheinen durch diese sehr niedrige Aufnahmeperspektive ungewohnt und dadurch interessant (siehe Workshop „Froschperspektive auf der Straße“).

WICHTIG: PERSPEKTIVE BEEINFLUSST HINTERGRUND!

Beachten Sie, dass die Wahl der Perspektive und des Standortes auch immer den Hintergrund mitbeeinflusst. Eine Veränderung ändert nicht nur die Wirkung des Motivs, sondern nimmt auch Einfluss auf Vorder- und Hintergrund. Ein Schritt nach rechts oder links bzw. eine veränderte Aufnahmehöhe können Wunder wirken. Denn wer kennt das nicht: das Foto, bei dem einer Person unbeabsichtigt ein Straßenschild oder ein Ast am Hinterkopf „herauswächst".

Stürzende Linien

Sicher haben Sie schon mal von sogenannten „**stürzenden Linien**" gehört. Diese entstehen immer dann, wenn die Kamera mit einem Weitwinkelobjektiv (siehe Kapitel „Objektivbrennweiten") nicht parallel zur Aufnahmefläche – also beispielsweise nicht parallel zu einem Gebäude – gehalten wird. Und das passiert schnell, wenn das Gebäude nicht ganz aufs Bild passt und man die Kamera einfach etwas nach oben kippt, damit Dach oder Turmspitze mit aufs Bild kommen. Auf dem Foto sieht das Haus dann so aus, als würde es umfallen, und zwar deshalb, weil die senkrechten parallelen Linien des Hauses auf einen gemeinsamen Punkt zulaufen. In der Architekturfotografie möchte man diesen Effekt vermeiden. Aber man kann ihn auch ganz bewusst als Bildgestaltungselement einsetzen, nicht nur bei Gebäuden, sondern auch bei Personen oder Tieren. Der Effekt ist dynamisch, dramatisch, manchmal auch einfach nur lustig, je nach Stärke des Effektes und nach Motiv.

Symmetrien

Symmetrien werden oftmals als sehr ästhetisch und schön wahrgenommen. Man findet sie in Spiegelungen im Wasser, aber oftmals auch im Motiv selbst, z. B. in Kirchen, die spiegelsymmetrisch gebaut wurden, oder in Pflanzen. Symmetrien gliedern das Bild und bringen Ruhe und Ordnung hinein. Diese Ruhe kann aber auch schnell langweilig wirken. Beim Fotografieren von symmetrischen Motiven sollten Sie darauf achten, die Symmetrie einzuhalten oder das Motiv ganz bewusst asymmetrisch darzustellen. Denn nur ein bisschen von der Symmetrie abzuweichen wirkt schnell wie nachlässig aufgenommen.

Spiegelungen und Reflexionen

Wenn sich Ihnen die Gelegenheit bietet, beziehen Sie **Spiegelungen** und **Reflexionen** in Ihr Foto mit ein. Spiegelungen sind ein tolles Mittel der Bildgestaltung. Sie machen Fotos auf ganz eigene Art interessant. Sie finden sie im Wasser, an Fensterscheiben und auf metallischen Oberflächen. Gute Beispiele sind Fotos, in denen sich eine Landschaft, meist eine Berglandschaft, in einem ruhigen See spiegelt, und die Spiegelachse horizontal in der Mitte des Bildes liegt und das Bild symmetrisch aufbaut. Eine

Variante ist, in leicht bewegten Gewässern nur die Spiegelung allein aufzunehmen, ohne das dazugehörende „Original". Doch Spiegelungen können noch auf andere Weise Ihr Foto interessant gestalten, z. B. wenn sich Ihr Motiv in einer gebogenen Oberfläche leicht verzerrt spiegelt, wie in einem Spiegelkabinett auf der Kirmes (siehe Workshop „Spiegelung mit Wellenlinie"). Bei Regen können Sie übrigens Spiegelungen in Pfützen einfangen und bei Dunkelheit Straßen mit regennassen Fahrbahnen, in denen die Lichter der Schaufenster, Autos oder Straßenlaternen reflektiert werden.

Schatten

Durch Einbeziehen von **Schatten**, die Ihr Motiv wirft, haben Sie die Möglichkeit, mehr Räumlichkeit in Ihr zweidimensionales Foto hineinzugeben. Schatten doppeln in gewisser Weise Ihr abgebildetes Motiv. Und dies im Tagesverlauf je nach Lichtrichtung anders: Wenn Sie bei starker Mittagssonne fotografieren, fällt der Schatten fast senkrecht auf den Boden. Das kann bei bestimmten Motiven interessant wirken, z. B. bei einem nahe über den Boden fliegenden Vogel, dessen unter ihm liegender Schatten nun deutlich werden lässt, wie hoch oder besser wie niedrig der Vogel in Bezug zum Boden fliegt. Der Schatten gibt somit eine zusätzliche inhaltliche Information. Am Abend werden die Schatten, die das Sonnenlicht wirft, länger und verzerrter. Das kann zu lustigen Bildern führen, z. B. wenn Sie Ihren eigenen überdimensionalen Schatten kurz vor Sonnenuntergang aufnehmen. Achten Sie darauf, den Schatten nach Möglichkeit nicht anzuschneiden.

Goldener Schnitt

Der **Goldene Schnitt** ist eine mathematische Proportion, die seit der Antike bekannt ist. Bilder, bei denen das Hauptmotiv im Goldenen Schnitt liegt, werden als harmonisch wahrgenommen. Vielleicht, weil diese Proportion häufig auch in der Natur vorkommt.

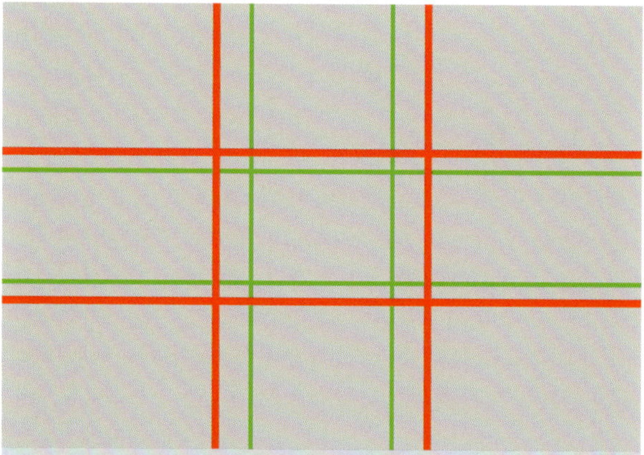

Schematische Darstellung des Goldenen Schnitts (grün) und der vereinfachten Drittelregel (rot).

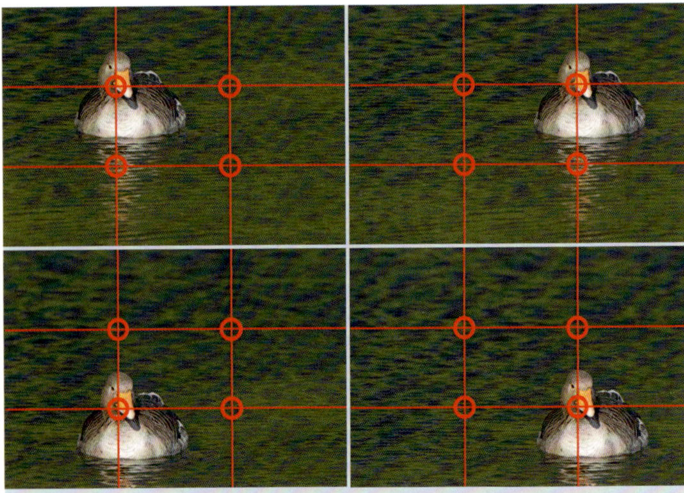

Schematische Darstellung der vier Schnittpunkte bei der Drittelregel.

Der Goldene Schnitt teilt bei Fotos die Bildfläche in bestimmte Größenverhältnisse auf. Dabei sind die entstandenen Flächen nicht gleich groß. Der Einfachheit halber kann man beim täglichen Fotografieren auf die etwas vereinfachte und fotografisch gut handhabbare Variante des Goldenen Schnitts zurückgreifen, auf die **Drittelregel**: Hier werden beide Seitenlängen, die lange Seite und auch die kurze Seite, jeweils in Drittel geteilt. Würde man hier Linien ziehen, also zwei senkrechte Linien und zwei waagerechte Linien, sollte das bildwichtige Motiv auf einem der Schnittpunkte der Linien liegen. Oder alternativ entlang einer der gedachten Linien. Ein derart aufgebautes Foto wirkt ausgeglichen und harmonisch. Viele Kameras und Bildbearbeitungsprogramme bieten ein Raster, das Ihnen hilft, Ihre Motive gemäß der Drittelregel zu platzieren.

Motiv mal mittig

Häufig setzt man, selbst wenn man noch so viel Erfahrung hat, sein **Motiv in die Mitte** des Bildes. Klar, ist es doch meist das Wichtige, was man zeigen will! Aber ein mittig ins Foto gesetztes Motiv wirkt manchmal etwas langweilig. Meist, aber nicht immer, sollte man das Motiv etwas anders platzieren, z. B. gemäß der Drittelregel (siehe oben). Doch es gibt auch Motive, die gut in die Mitte des Bildausschnittes passen, z. B. symmetrische Motive. Denn die mittlere Bildposition betont stark die Symmetrie. Runde Motive, die in einem quadratischen Endformat mittig gesetzt sind, wirken in sich ruhend und stabil.

In Blickrichtung etwas mehr Platz lassen

Dieses Bildgestaltungselement ist eines der am einfachsten anzuwendenden Elemente. Lassen Sie Ihrem Motiv Platz in die Richtung, in die es schaut oder läuft. Achten Sie darauf, dass der Blick nicht durch den Bildrand eingeschränkt wird oder dass Ihr Motiv gleich gegen den Bildrand läuft. Denn der Blick des Betrachters folgt dem Blick des Motivs oder möchte sehen, wohin sich das Auto, das laufende Kind oder der Hund bewegt. Lassen Sie also Ihren Motiven nach „vorne" genügend Platz. Hinter dem Motiv können Sie den Raum meist etwas enger fassen.

Fluchtpunkt

Gerade Linien, die in der Realität parallel zueinander laufen, treffen sich in der Ferne in einem gemeinsamen Punkt, dem **Fluchtpunkt**. Der Fluchtpunkt kann dabei innerhalb oder außerhalb des Fotos liegen. Mithilfe eines Fluchtpunkts oder mehrerer Fluchtpunkte vergrößert man die perspektivische Wirkung und somit die Dreidimensionalität des Fotos. Eines Fotos, das ja eigentlich – als Papierausdruck oder auch auf dem Bildschirm – nur zwei Dimensionen aufweist, nämlich Höhe und Breite.

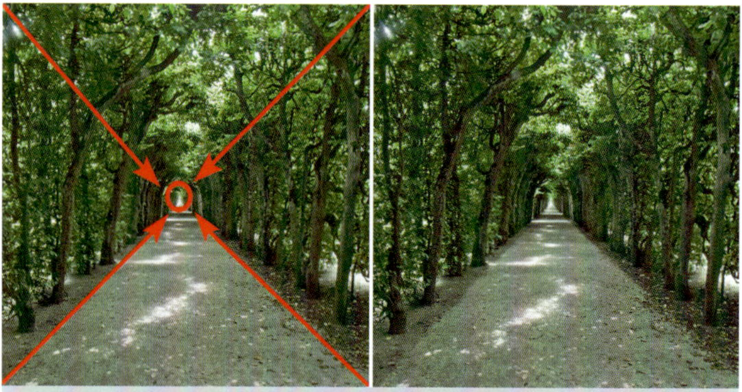

Siehe Workshop „Fluchtpunkt im Zentrum des Bildes".

Anschnitt

Ein wichtiger Teil der Bildgestaltung beginnt bei der Aufnahme durch die Wahl des Bildausschnitts bzw. des **Bildanschnitts**. Die Frage dahinter: Soll das Motiv ganz abgelichtet oder beherzt angeschnitten werden? Angeschnittene Motive können beim Betrachter ein Gefühl der Nähe erzeugen. Sie können ihn aber auch zum Nachdenken anregen, wie das Bild der kräftig angeschnittenen Möwe (siehe Workshop „Beherzt anschneiden"). Hier hätten viele zunächst auf eine Taube getippt, nur die Schwimmhäute zwischen den Zehen geben dem aufmerksamen Betrachter Aufschluss über die wahre Identität des Motivs. Allgemein sollte der Anschnitt bei der Aufnahme aber immer so erfolgen, dass es gewollt aussieht und nicht, als hätte man es nicht geschafft, das Motiv ganz aufs Bild zu bringen. Das ist bei statischen Motiven noch recht einfach, kann bei sich bewegenden Motiven allerdings schwieriger sein.

Gesetze der Gestaltpsychologie

Die Gestaltpsychologie widmete sich in den 20er-Jahren des letzten Jahrhunderts der menschlichen Wahrnehmung. Man ging der Frage nach, warum etwas als Einheit (Gestalt) wahrgenommen wird und anderes nicht. Anders ausgedrückt: Warum wird das eine als Figur wahrgenommen und das andere als Hintergrund, und wovon hängt es ab, wie schnell man eine Figur erkennt? Die von den

Gestaltpsychologen formulierten Gesetze finden auch heute noch Beachtung in der Werbung. Und sie eignen sich bestens zur Gestaltung Ihrer Fotos. So besagt z. B. das **Gesetz der Prägnanz,** dass wir Gebilde in ihrer einfachsten Form wahrnehmen. Diese Tendenz zeigt sich darin, dass wir ein Objekt als rund, rechteckig oder dreieckig auffassen, auch wenn das Gebilde diesen Formen nur grob entspricht. Eine unvollständige Gestalt wird entsprechend gedanklich ergänzt (siehe Workshop „Kreis oder gebogene Linien im Sand").

Das **Gesetz von Figur und Grund** besagt, dass die menschliche Wahrnehmung optische Sinneseindrücke in Figur und Hintergrund ordnet. Stellen Sie sich einfach eine Person vor, die in einem roten Overall vor einer grünen Hecke steht. Die Hecke wird zum Hintergrund, und die Figur hebt sich gut von ihr ab. Kritisch wird es für die Wahrnehmung, wenn die Unterscheidung von Figur und Hintergrund nicht eindeutig ist. Das wäre der Fall, wenn die Person einen grünen Overall tragen würde anstelle des roten. Wenn Sie also die Betrachter Ihrer Fotos nicht verwirren wollen, achten Sie darauf, dass sich Ihr Motiv gut von seiner Umgebung abhebt.

Das **Gesetz der Nähe** und das **Gesetz der Ähnlichkeit** besagen, dass Dinge, die nahe beieinanderstehen, als zusammengehörend wahrgenommen werden. Und dass Dinge, die in ihrer Form, Farbe, Größe oder Bewegungsrichtung ähnlich sind, ebenfalls als zusammengehörend aufgefasst werde. Je größer die Nähe oder die Ähnlichkeit, desto stärker die Gruppierungstendenz. Ein schönes Beispiel dazu finden Sie im Motiv der zwei balzenden Möwen im Workshop „Was zusammengehört“.

Mit der Kamera gestalten

Mit den Möglichkeiten, die die Kamera selbst bietet, kann man direkt bei der Aufnahme bildgestalterisch tätig werden. Einige der vielen Tricks, die Ihre Kamera in Sachen Bildgestaltung auf Lager hat, möchten wir Ihnen im Folgenden vorstellen. Diese und noch weitere Möglichkeiten, mit der Kamera zu gestalten, zeigen wir Ihnen natürlich auch mit Bildbeispielen im Workshop.

Bildformate

Der Löwenanteil aller Fotos wird sicher im Querformat gemacht. Die Frage, ob sich das gewählte Motiv nicht besser für das Hochformat eignet, wird oftmals nicht gestellt. Die Anwendung des Querformats geschieht meist ohne vorherige Überlegung, einfach aus der Gewohnheit heraus. Und natürlich auch, da es bequemer ist, die Kamera bei der Aufnahme im Querformat zu halten als im Hochformat, bei dem man erst mal wieder überlegen muss, wo sich eigentlich in dieser Position jetzt Auslöser und andere Bedienelemente befinden. Doch mit der Wahl des Formats – ob quer oder hoch – können Sie die Bildwirkung verstärken. Es ist somit eines der einfachsten Mittel der Bildgestaltung.

Querformat

Das Querformat entspricht unserer natürlichen Sehweise. Auch deshalb wird die Kamera meist ganz automatisch so in die Hand genommen, dass sie die Bilder im Querformat aufnimmt. Es vermittelt Ruhe und Stille und eignet sich für viele Aufnahmen. Häufig wird es für Landschaftsaufnahmen genommen, da das Querformat waagerechte Linien wie den Horizont betont.

Hochformat

Dieses Format ist bildgestalterisch schon deshalb interessant, weil es nicht unseren normalen und natürlichen Seheindrücken entspricht. Das Hochformat wirkt beim Betrachten des Fotos zunächst einmal anders und ungewohnt, gleichzeitig aber auch dynamisch. Es eignet sich gut für viele vertikal ausgerichtete Motive wie Blumen, Menschen, aufgerichtete Tiere, Bäume und Ähnliches.

Quadrat

Bei den wenigsten Kameras können Sie das quadratische Bildformat von vornherein einstellen. In der Regel müssen Sie es im Nachhinein mit einem Bildbearbeitungsprogramm am Computer zuschneiden. Trotzdem wollen wir es Ihnen als Formatmöglichkeit nicht vorenthalten.

Das quadratische Format wirkt ausgeglichen und stabil. Ins Quadrat passen sehr gut kompakte oder auch runde Motive.

Extreme Bildformate

Mithilfe von Bildbearbeitungsprogrammen oder durch Beschneiden des Papierabzugs lassen sich praktisch alle beliebigen Formate herausarbeiten, z. B. ein **extrem schmales Hochformat** oder ein **extrem schmales Querformat**. Denken Sie daran, dass das Format immer die Bildaussage unterstützen soll. Im Workshop stellen wir Ihnen ein lustiges schmales Querformat vor, bei dem ein Junge, der durch eine Spielröhre krabbelt, an den Enden der Röhre mit dem Kopf und den Füßen herausschaut (siehe Workshop „Ist der aber lang …").

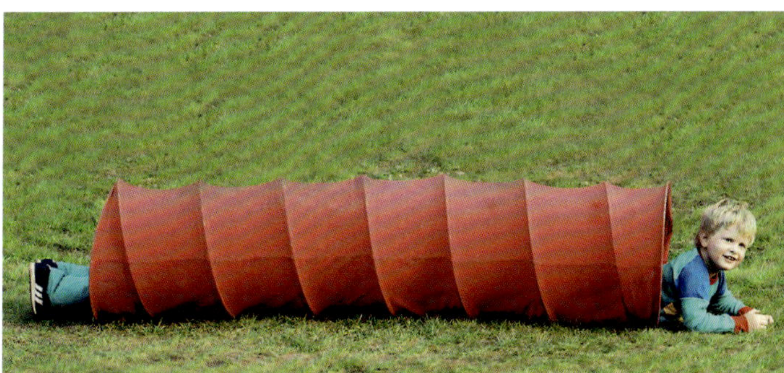

Siehe Workshop „Ist der aber lang ...".

Belichtungszeiten

Die Belichtungszeit Ihrer Kamera ist ein wunderbares Mittel, um bildgestalterisch mit dem Thema Bewegung umzugehen. Je nachdem, ob Sie Bewegung so abbilden möchten, dass Ihr Motiv quasi „eingefroren“ und in der Bewegung erstarrt wirkt, oder ob Sie die Bewegung des Motivs als leichten Wischer, z. B. des Fußes, ablichten möchten: Der Schlüssel liegt in der Länge der Belichtungszeit.

Die meisten versuchen so zu fotografieren, dass das Motiv auf dem Foto scharf abgebildet ist und keine Bewegungsunschärfen zu sehen sind. Sei es, dass sich Personen für ein Foto still hinstellen oder dass der Hund für ein Porträt zum Sitzen aufgefordert wird. Doch haben Sie schon einmal versucht, Motive, die sich bewegen, so aufzunehmen, dass die Bewegung sichtbar wird? Wenn Sie ein sich bewegendes Objekt „einfrieren“, also so ablichten möchten, dass es in seiner Bewegung erstarrt auf dem Foto erscheint, benötigen Sie eine kurze Belichtungszeit. Wollen Sie die Bewegung auf dem Foto als Bewegung sichtbar werden lassen, benötigen Sie eine etwas längere Belichtungszeit. Die verwischte Bewegung eines Fußes, der vielleicht auch etwas Sand aufwirbelt, genügt, um zu zeigen, dass Ihr Motiv eigentlich in Bewegung ist.

Eine andere Variante, die Belichtungszeit als Bildgestaltungselement zu nutzen, ist, die Belichtungszeit so zu wählen, dass Sie bei einem sich bewegenden Motiv die

Kamera in die Bewegungsrichtung des Motivs mitziehen können.

Oder Sie können einfach während der Belichtungszeit die Brennweite Ihres Zoomobjektivs verändern. Mehr zum Thema Belichtungszeit finden Sie im Kapitel „Mit der Kamera per Du: Belichtungszeit“ und natürlich im Workshop, der Ihnen Anregungen zum unterschiedlichen Einsetzen der Belichtungszeit als Bildgestaltungselement gibt (siehe Workshop „Länger belichten zeigt Bewegung“ sowie „Belichtungszeit ganz kurz“).

Unterbelichten

Nutzen Sie eine Gegenlichtsituation, in der sich Ihr Motiv im Gegenlicht befindet und daher ohne gezieltes Überbelichten oder ohne Aufhellblitz zu dunkel abgebildet werden würde, um bewusst das Gegenteil zu erreichen – nämlich **das Motiv noch etwas mehr unterzubelichten**, sodass es auf dem Foto als fast schon schwarzer „Scherenschnitt“ erscheint. Bei Motiven, die eine interessante Form haben, kann dies zu reizvollen Ergebnissen führen.

Selektive Schärfentiefe

Scharf fokussierte Bilder sind der Standard der Fotografie. Unscharfe Bilder werden in der Regel weggeworfen oder gleich an der Kamera gelöscht. Arbeitet man aber bewusst mit **selektiver Schärfentiefe** als Gestaltungsmittel, so hat man die Wahl, worauf man die Schärfe präzise legen möchte. Der Effekt bei Aufnahmen mit unterschiedlichen Fokussierungen ist, dass der Blick des Betrachters gezielt auf bestimmte Bildteile gelenkt wird. Ziemlich bekannt hierfür sind Fotos von Tiergruppen, in denen die Schärfe gezielt (selektiv) auf ein einzelnes Tier in der Gruppe gelegt wird. Eine geringe Schärfentiefe wird beispielsweise begünstigt durch einen kleinen Blendenwert (z. B. *f*2,8 oder *f*4), eine große Objektiv-Brennweite (z. B. 300 mm) und durch einen geringen Abstand zum Motiv. Weitere Infos zur „Schärfentiefe“ finden Sie im Kapitel „Mit der Kamera per Du: Schärfentiefe im Bild“.

Unschärfe

Unschärfe gezielt einzusetzen hört sich für viele sicher erst einmal etwas ungewohnt an, und nicht jedem gefallen Aufnahmen, in denen **Unschärfe** das Bild beherrscht. Aber probieren Sie es ruhig einmal aus, Sie werden überrascht sein! Wenn Sie während der Aufnahme die Kamera leicht nach oben kippen, zur Seite schwenken oder drehen, lösen sich die Formen Ihres Fotomotivs weitestgehend auf, und es dominieren die Farben und die durch die Bewegung der Kamera entstehenden Bewegungsstreifen. Derart gestaltete Fotos erinnern eher an ein mit nassen Farben verwischtes Gemäldes als an ein Foto.

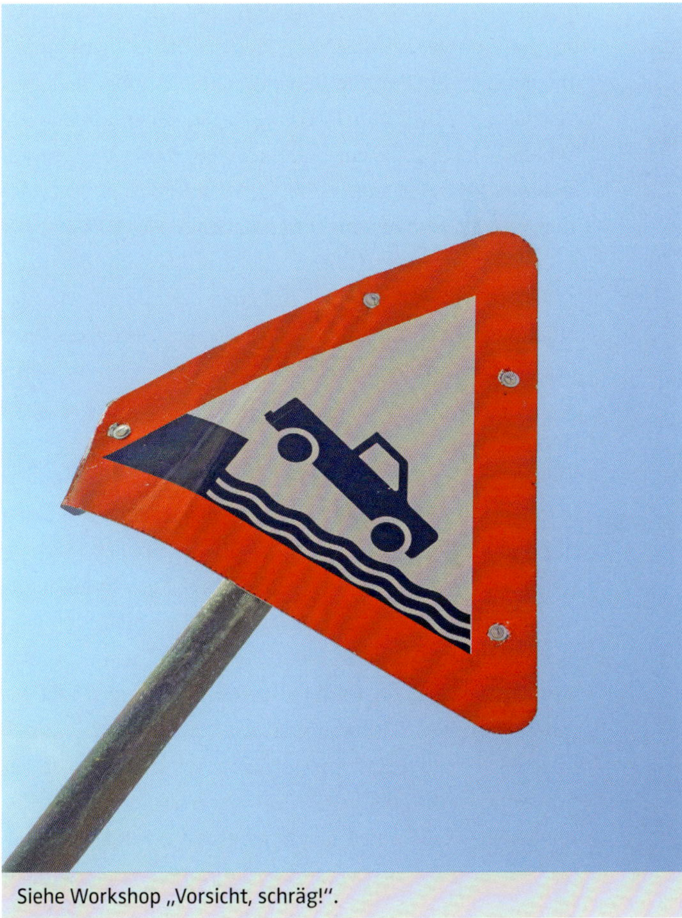

Siehe Workshop „Vorsicht, schräg!“.

Gestalten mit Elementen des Bilddesigns

Das Bilddesign folgt allgemeinen Regeln, das heißt, die Wirkung, die Sie durch den Einsatz einzelner Farben, verschiedener Lichtrichtungen, der Lichtart oder durch Kontraste beim Betrachter erzielen, ist weitestgehend unabhängig von Ihrem eigenen persönlichen Geschmack oder dem des Betrachters. Wenn Sie die Elemente des Bilddesigns – also Licht, Farbe, Kontrast – kennen, haben Sie einen weiteren Zugang zur interessanten Gestaltung Ihrer Fotos gefunden.

Farben

Farben und ihre Mengenanteile im Foto sind ein wichtiges Bildgestaltungsmittel. Verschiedene Farben wirken auf unterschiedliche Weise auf den Betrachter. Sie rufen Assoziationen und Gefühle hervor. Doch ganz so eindeutig ist es nicht. Die Aussagen, was welche Farben beim Betrachter bewirken, sind nur Tendenzen. Denn die Wirkung von Farben ist nicht bei allen Menschen gleich. Sie hängt im hohen Maße vom Kulturkreis, Lebensalter, Geschlecht und auch von persönlichen Erfahrungen ab. Somit kann die gleiche Farbe unterschiedliche Gefühle oder Gedanken erzeugen. Beispielsweise sind in unterschiedlichen Kulturen Farbassoziationen verschieden, da unterschiedliche traditionelle und kulturelle Erfahrungen vorliegen. So ist Grün für Europäer eng verbunden mit

„Natur“ und „Landschaft“, für Wüstenvölker jedoch nicht. Hier ist sie die Farbe des Paradieses. Spricht man in Deutschland von jemandem, der „blau“ ist, so denkt man sofort an einen, der zu viel Alkohol getrunken hat. Ein „blauer“ Engländer dagegen ist in einer melancholischen Stimmung.

Hier einige allgemeine Zuschreibungen zu den Farben Rot, Grün, Blau und Gelb: **Rot** ist eine warme, sehr intensive und auffällige Farbe. Symbolisch werden ihr Feuer, Liebe und Leidenschaft, aber auch Gefahr zugeordnet. Nicht umsonst sind viele Verkehrszeichen mit Rot umrandet. **Grün** ist natürlich und frisch, aber auch unreif. Die Farbe Grün steht symbolisch für Natur, Leben und Hoffnung, aber auch für Unreife. **Blau** ist tendenziell kühl und tritt etwas in den Hintergrund im Vergleich zu Rot und Gelb. Es symbolisiert Sehnsucht, Wasser und Weite. **Gelb** dagegen ist hell, leicht und freundlich und steht für Licht und Sonne, symbolisiert aber auch Neid.

Kräftige Farben und gedeckte Farben

Kräftige, grelle Farben ziehen den Blick des Betrachters an. Wenn Sie also in einem ansonsten aus eher ruhigen und gedeckten Farben aufgebauten Bild ein Motivelement mit kräftiger Farbe einbauen, wird dieses die Aufmerksamkeit des Betrachters magisch anziehen. Bilder, die ausschließlich aus sehr ähnlichen Farbtönen aufgebaut sind, wirken ruhig und harmonisch, besonders bei dunklen,

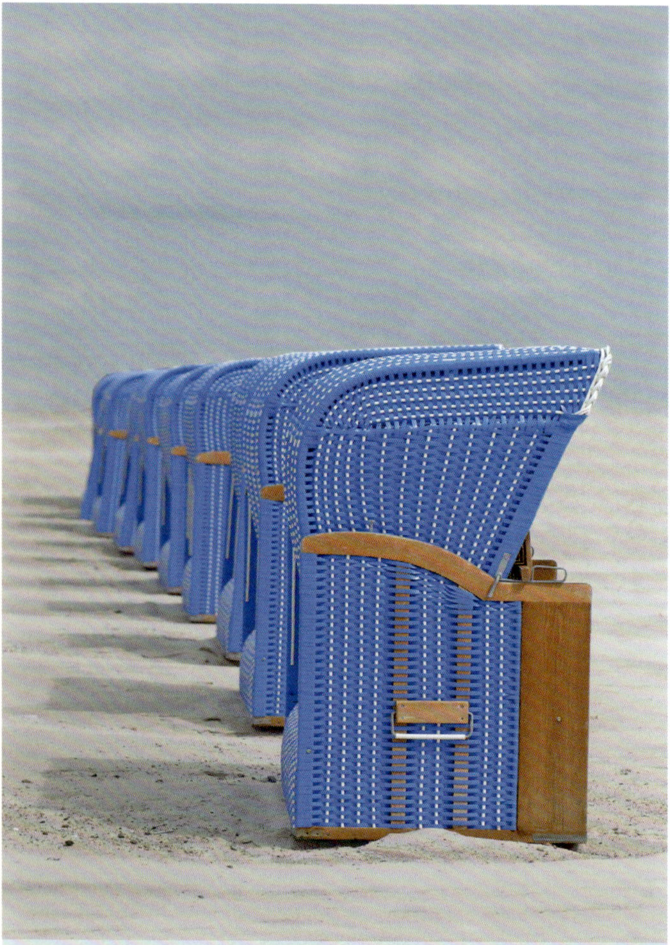

Siehe Workshop „Sehnsucht in Blau“.

gedeckten Farbtönen oder bei pastellartigen Farben. Allerdings kann es dadurch passieren, dass sich durch die farbliche Ähnlichkeit Motiv und Hintergrund nicht mehr so gut voneinander trennen. Dies kann Fotos aber auch wieder interessant machen, z. B. bei einer auf steinigem Hintergrund kaum erkennbaren Heuschrecke oder wie das im Workshop „Gut getarnt in gedeckten Farben" in der Suhle liegende Wildschwein.

Schwarz-Weiß (S/W)

Da in der Schwarz-Weiß-Fotografie das Bildgestaltungselement Farbe fehlt, lebt das S/W-Foto vor allem durch die Umsetzung verschiedener Farben in ihre einzelnen Graustufen. Die Farben Rot und Grün sowie Blau und Gelb, die in der Farbfotografie von ihrem farblichen Kontrast leben, ergeben ohne den Einsatz richtiger Filter oftmals den nahezu gleichen Grauwert. Der Spannung erzeugende Kontrast ist gemindert oder geht völlig verloren. Dies kann so weit gehen, dass sich das eigentliche Motiv bei gleichem Grauwert nicht von seiner Umgebung abhebt und vom Betrachter des Fotos nicht erkannt wird. Das Arbeiten mit Farbfiltern ist hier unerlässlich.

In der analogen Fotografie wurden Filter während der Aufnahme verwendet. Dabei war zu beachten, dass immer die Farbanteile der Aufnahme heller wurden, deren Farbe der Filter hatte. Die komplementäre Farbe wurde dunkler. Ein gelb-oranger Filter machte beispielsweise bei einer

Landschaftsaufnahme das Gelb eines Rapsfeldes sehr hell und das Blau des Himmels sehr dunkel. In der digitalen Fotografie wird in der Regel erst nach der Aufnahme mithilfe eines Bildbearbeitungsprogramms am Computer gefiltert, und Kontraste werden dadurch verstärkt. Hierzu müssen die Fotos aber unbedingt in Farbe aufgenommen werden, da das Bildbearbeitungsprogramm sonst keine Information hat, an welchen Stellen des Bildes es den Kontrast verändern soll. Interessant für alle, die sich nicht so sehr für Bildbearbeitung am Computer begeistern können: Einige digitale Kameras besitzen Filterfunktionen direkt in der Kamera, sodass man – ähnlich wie früher – direkt bei der Aufnahme filtern kann.

Muster und Strukturen

Muster basieren auf Wiederholungen, also auf wiederkehrenden Elementen im Bild, die regelmäßig angeordnet sind. Sie füllen das gesamte Foto aus. Dadurch erscheint es dem Betrachter, als würde sich das Muster noch über den Bildrand hinaus fortsetzen, das Bild also eigentlich einen Ausschnitt eines viel größeren Ganzen darstellen. Muster werden im Allgemeinen als schön empfunden, da sie das Foto ordnen und dadurch beruhigen. Von **Struktur** kann man sprechen, wenn die Oberfläche des Motivs nicht glatt ist. Beim Betrachten von Bildern, die Strukturen zeigen, wird der Tastsinn des Betrachters angesprochen, und er kann fast schon spüren, wie sich das Objekt anfühlen würde, wenn er es mit den Fingern berührte, z. B. die rauen Seile im Workshop „Fast fühlbar".

Indirektes Licht, direktes Licht und Lichtrichtung

Der bewusste Einsatz von Licht ist ein wichtiges Mittel zur Bildgestaltung und beeinflusst die Wirkung Ihrer Fotos in hohem Maße. Je nachdem, ob es sich um indirektes oder direktes Licht handelt und von welcher Seite Ihr Motiv von einer Lichtquelle angeleuchtet wird, erscheint es im sprichwörtlichen Sinne „in einem anderen Licht". Bei **direktem Licht** trifft das Licht der Lichtquelle direkt auf das Motiv. Bei **indirektem Licht** trifft das Licht zunächst auf ein anderes Objekt (z. B. eine weiße Wand oder auf den bewölkten Himmel) und wird von da aus auf das Motiv reflektiert oder gestreut. Indirektes Licht ist in der Regel weicher als direktes Licht, wodurch das Fotomotiv gleichmäßiger ausgeleuchtet wird und Schatten minimiert werden.

Fällt **direktes Licht frontal** auf Ihr Motiv, wird dieses praktisch schattenlos ausgeleuchtet. Das Motiv verliert weitestgehend seine Dreidimensionalität und wirkt flach.

Fällt das **Licht direkt von oben** auf das Objekt, spricht man gerne von „Mittagslicht". Dieses ist oftmals ungeeignet für stimmungsvolle Aufnahmen. **Licht von unten** wirkt häufig dramatisch und unheimlich. Es ist auf jeden Fall ungewohnt, da wir durch die Sonne gewohnt sind, dass das Licht von oben oder von der Seite auf das Motiv fällt.

Fällt das **Licht von hinten** auf Ihr Motiv, handelt es sich vom Fotografen aus gesehen um Gegenlicht. In dieser Lichtsituation kann es schnell zur Unterbelichtung Ihres Motivs kommen. Das Fotomotiv muss also von vorne aufgehellt werden. Bei Gegenlicht ergeben sich aber oftmals schöne Effekte, z. B. Lichtsäume am Motiv. Und bei lichtdurchlässigen Objekten, z. B. Blättern, werden deren Strukturen durchleuchtet und hervorgehoben.

Bei **Licht von der Seite**, sogenanntem Streiflicht, kann durch den Schattenwurf des Motivs eine räumliche Tiefe im Foto erzeugt werden. Zudem werden so Oberflächenstrukturen des Motivs hervorgehoben, da durch den Schatten die vorhandenen Strukturen betont werden und im Bild plastischer erscheinen.

Mischlicht

Wenn Sie auf einem Foto gleichzeitig Tageslicht und Kunstlicht einfangen, ergibt sich eine ganz besondere Stimmung, in der zuerst das Tageslicht und später dann bei stärkerer Dunkelheit das Kunstlicht im Foto dominieren. Am einfachsten kommen Sie zu Mischlichtstimmungen, wenn Sie bei Dämmerung mit Kunstlicht beleuchtete Objekte oder Straßenlaternen fotografieren (siehe Workshop „Mischlicht zur blauen Stunde“).

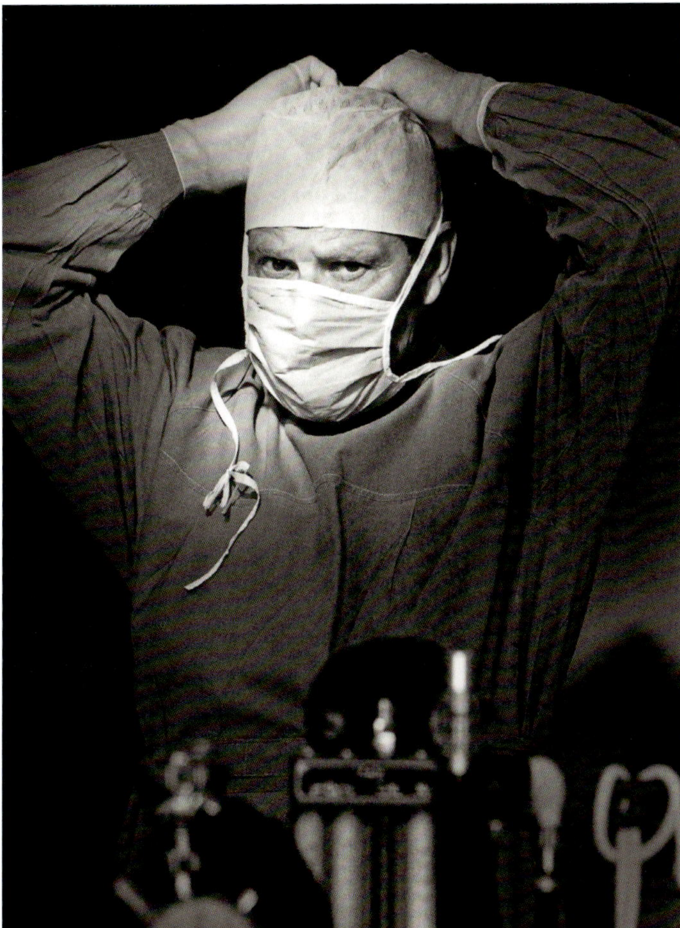

Siehe Workshop „Auflicht kann auch spannend sein".

Kontraste

Mit Kontrasten können Sie Spannungen in Ihren Fotos erzeugen. Je größer der Kontrast, desto stärker wird die erzeugte Spannung wahrgenommen. Kontraste können vielgestaltig sein: **Farbkontraste**, wenn Sie z. B. komplementäre Farben wie Gelb/Blau oder Rot/Grün im Bild nebeneinander haben. **Helligkeitskontraste**, wenn sich Motiv und Hintergrund in der Helligkeit unterscheiden und sich das Motiv dadurch gut vom Hintergrund abhebt. **Schärfekontrast**, wenn Sie durch gezieltes Fokussieren und bewusste Blendenwahl nur einen kleinen Bereich im Bild scharf erscheinen lassen und der Rest in einem Unschärfenebel verschwindet. Daneben gibt es noch **Materialkontraste**, **Strukturkontraste**, **Größenkontraste** und natürlich auch **inhaltliche Kontraste,** z. B. Alt/Neu, die Fotos mehr Spannung geben können.

LOS GEHT'S: VORBEREITUNGEN

Bevor Sie auf Fototour gehen, sollten Sie auf jeden Fall Ihre Kameraausrüstung überprüfen, ob Sie alles dabei haben, was Sie vielleicht brauchen werden, und natürlich auch, ob alles funktioniert. Und wenn Sie gezielt einige Bildgestaltungselemente auf Ihrer Fototour ausprobieren möchten, machen Sie sich einen kleinen Spickzettel, der Ihnen in Kurzform einen Überblick darüber gibt, was Sie gerne umsetzen möchten.

Alles dabei? Kameraausrüstung und Ausrüstungs-Check

Die nachfolgende Checkliste zur Kameraausrüstung zeigt, was Sie auf Ihren Fotoausflug mitnehmen könnten, wenn Sie einfach mal einige Bildgestaltungselemente ausprobieren möchten. Keine Angst, Sie müssen nicht alles davon besitzen. Das Thema Bildgestaltung ist in vielen Bereichen unabhängig von Ihrer Fotoausrüstung. Deshalb: Verstehen Sie die in der Checkliste aufgeführten Ausrüstungsgegenstände als eine Übersicht von Equipment, das Ihnen ermöglicht, alle im Buch genannten Bildgestaltungsmöglichkeiten auszuprobieren, aber nicht als notwendige Voraussetzung, um sich dem Thema Bildgestaltung zu nähern.

CHECKLISTE: KAMERAAUSRÜSTUNG

- Fotoapparat
- Objektive (zwei bis drei Objektive, z. B. Zoomobjektiv 70–200 mm und Normalobjektiv)
- voll geladener Akku (plus Ersatzakku)
- Ladegerät für die Akkus (vielleicht haben Sie unterwegs die Möglichkeit, den Akku wieder aufzuladen)
- evtl. Stativ (Schnellspannkupplung nicht vergessen)
- Rucksack (groß genug für Fotozubehör sowie Essen und Trinken)
- UV-Schutzfilter
- Streulichtblende
- Regenschutzhülle für die Kamera
- Speicherkarten (unbedingt vorher ausprobieren!)
- Bedienungsanleitung für Ihre Kamera

Ausrüstungs-Check: Bevor Sie jetzt voller Energie und Vorfreude losgehen, denken Sie bitte an den Ausrüstungs-Check, also daran, Ihre Kameraausrüstung noch einmal genau auf ihre Funktionsfähigkeit zu testen. Nichts ist ärgerlicher, als wenn man erst beim Fotografieren feststellt, dass etwas nicht funktioniert. Ob eine kaputte Speicherkarte oder ein leerer Akku (wenn's schlimm kommt vielleicht der einzige, den man mitgenommen hat) – schon ein einziges defektes Teil kann die ganze Fototour lahmlegen. Also besser vorher noch einmal testen, ob Kamera, Objektive und die restliche Kameraausrüstung einwandfrei funktionieren.

Spickzettel zur Bildgestaltung: So wie im nachfolgenden Kasten dargestellt, könnte Ihr persönlicher Spickzettel der Bildgestaltungselemente, die Sie in Zukunft fotografisch umsetzen möchten, aussehen. Überlegen Sie, welche der im vorherigen Kapitel vorgestellten Bildgestaltungselemente Sie am meisten interessieren, und notieren Sie sich diese auf einem kleinen Spickzettel. Am besten, Sie machen sich auch einige Stichpunkte zu jedem Bildgestaltungselement, die Sie daran erinnern, worum es jeweils genau geht. Doch gehen Sie nicht mit dem Anspruch auf Fototour, alles auf einmal auszuprobieren. Überlegen Sie sich besser vorher, welche zwei oder drei Elemente Sie von Ihrer Liste umsetzen möchten. Nehmen Sie lieber weniger Themen und bearbeiten Sie diese dafür intensiver.

BEISPIEL FÜR EINEN SPICKZETTEL

Perspektive und Standort: Blick von oben, Blick auf Augenhöhe, Blick aus niedrigerem Standpunkt nach oben

Anschnitt: Motiv bei der Aufnahme so anschneiden, dass es gewollt aussieht

Goldener Schnitt: Die Drittelregel ist eine Vereinfachung des Goldenen Schnitts; beide Seitenlängen der Bildfläche werden in Drittel geteilt

Fluchtpunkt: den Fluchtpunkt mal innerhalb oder mal außerhalb des Bildausschnitts legen

Einsatz von Farben: Wirkung von Farben bedenken, z. B. Rot, Grün, Blau, Gelb

Farbzoomen: Brennweite während des Belichtens verändern (Stativ erforderlich)

Punkte: ein einzelner Punkt ist ein guter Blickfang, mehrere Punkten können eine gedachte Linie ergeben

Linien: Horizontale Linien vermitteln Ruhe, vertikale Linien sind gut geeignet fürs Hochformat, Diagonale links unten nach rechts oben wirkt aufsteigend, von links oben nach rechts unten absteigend

Muster: Ausschnitt eines größeren Ganzen

Gesetz von Figur und Grund: gute Trennung von Motiv und Hintergrund unterstützt das Erkennen des Motivs

Gesetz der Nähe und der Ähnlichkeit: Dinge, die nahe beieinanderliegen und ähnlich aussehen, werden als zusammengehörend wahrgenommen.

MIT DER KAMERA PER DU

Es ist natürlich eine gute Voraussetzung, wenn Sie Ihre Kamera halbwegs kennen und bedienen können. Dann können Sie sich beim Fotografieren voll und ganz auf die bildgestalterischen Überlegungen konzentrieren. Sie sollten nicht unentwegt darüber nachdenken müssen, an welchem Knopf Sie z.B. die Blende verstellen oder wo Sie den Weißabgleich ändern können. Um auf Nummer sicher zu gehen, sollten Sie die Bedienungsanleitung stets auf Ihre Fototouren mitnehmen, auch wenn Sie sich im Umgang mit Ihrer Kamera bereits sicher fühlen.

Moderne digitale Kameras sind Kleincomputer mit mehreren Hundert Funktionen. Einstellungen, die man nur selten anwendet, werden schnell wieder vergessen, insbesondere dann, wenn Sie die Kamera erst neu gekauft und noch nicht allzu viel mit ihr fotografiert haben. Also nehmen Sie sich ruhig etwas Zeit, um sich mit Ihrer Kamera vertraut zu machen und die wichtigsten Einstellungen kennenzulernen. Wenn Sie wissen, wie Sie z. B. die Blende schließen oder öffnen können, um mehr oder weniger Schärfentiefe im Bild zu erhalten, dann können Sie sich besser auf die Gestaltung Ihrer Bilder konzentrieren.

Im Folgenden möchten wir Sie für die wichtigsten fototechnischen Aspekte und einige wichtige Funktionen Ihrer Kamera fit machen.

Kamerasucher auf das Auge einstellen

Beim Fotografieren kann es immer wieder Situationen geben, in denen Sie manuell fokussieren, also per Hand das Bild scharf stellen müssen, weil der Autofokus einfach nicht scharf stellt. Damit Sie für diese Situationen gewappnet sind, raten wir Ihnen, den Sucher der Kamera auf das Auge, mit dem Sie durch den Sucher schauen, individuell einzustellen. Das stellt sicher, dass das Bild genau da auftrifft, wo es auftreffen soll, nämlich direkt auf der Sensorebene und nicht davor oder dahinter. Sonst ist Ihr Foto immer leicht unscharf. Beim Fokussieren mit dem Autofokus passiert so etwas normalerweise nicht, da die Objektive genau auf die Kamera justiert sind.

Aber es gibt noch einen weiteren Grund, den Sucher auf das durchschauende Auge einzustellen: Damit können Sie im Sucher die Anzeige, also die Leiste, auf der die wichtigsten aktuellen Kamerawerte wie Blende und Zeit angegeben sind, scharf sehen und gut ablesen. Diese

Werte sind für Ihre Einschätzungen wichtig, z. B. dafür, ob die Verschlusszeit, die Ihnen die Kamera bei der Blendenvorwahl vorschlägt, auch ausreicht, um ein sich bewegendes Motiv ohne Bewegungsunschärfe abzulichten.

Um den Sucher auf Ihr Auge einzustellen, schalten Sie die Kamera ein, nehmen den Deckel vom Objektiv und schauen durch den Sucher auf einen hellen neutralen Hintergrund, z. B. in den Himmel. Im Zentrum des Sucherfeldes sehen Sie oft viereckige Felder – die Autofokusmessfelder. Ihre Anzahl ist bei den verschiedenen Kameras unterschiedlich. Sie sehen die Felder mehr oder weniger scharf: Wenn der Sucher gut auf Ihr Auge eingestellt ist, sehen Sie sie scharf. Dann können Sie alles lassen, wie es ist. Sehen Sie sie unscharf, drehen Sie an dem kleinen Rädchen bzw. bewegen Sie den kleinen Schieber direkt neben dem Sucher für die sogenannte Dioptrieneinstellung, bis die Autofokusfelder für Sie scharf zu sehen sind.

WICHTIG:
SUCHER UND AUGE MÜSSEN ZUSAMMENPASSEN!

Um den Kamerasucher auf Ihr Auge einzustellen, drehen Sie am kleinen Rädchen oder bewegen Sie den Schieber für die Dioptrieneinstellung direkt neben dem Sucher am Kameragehäuse, nicht am Fokusring des Objektivs! Prüfen Sie von Zeit zu Zeit nach, ob Ihr Kamerasucher noch gut auf Ihr Auge eingestellt ist, denn die Sehschärfe verändert sich mit zunehmendem Alter.

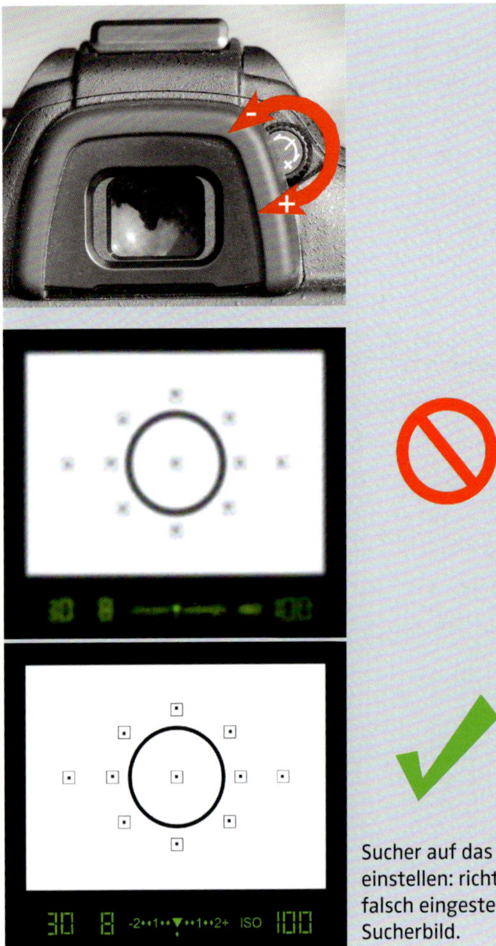

Sucher auf das Auge einstellen: richtig und falsch eingestelltes Sucherbild.

Blende

Die Blende ist das „Loch", durch das das Licht auf den Sensor fällt. Die Größe dieses „Blendenlochs" können Sie selbst wählen, wenn Sie das Belichtungsprogramm Av (Canon) bzw. A (Nikon) eingestellt haben (siehe auch Kapitel „Belichten mit dem Belichtungsprogramm Av/A"). Die Blende wird üblicherweise mit „*f*" und einer Zahl bezeichnet. Wenn Sie die Blende selbst einstellen, haben Sie mehr Einfluss auf die Gestaltung Ihres Bildes. Aber Vorsicht: Wenn das Blendenloch weit geschlossen ist (große Blendenzahl, z. B. *f*22), dauert es länger als bei einer weit geöffneten Blende (kleine Blendenzahl *f*5,6), bis genügend Licht auf den Sensor trifft und das Bild richtig belichtet ist. Hier besteht die Gefahr, das Bild zu „verwackeln", wenn frei aus der Hand fotografiert wird. Oder das Motiv bewegt sich während der langen Belichtungszeit und wird deshalb unscharf abgebildet.

Um Ihnen dies stärker zu verdeutlichen, greifen wir auf ein Beispiel aus einem ganz anderen Bereich zurück: Sie stehen im Garten und haben zwei große Fässer mit dem gleichen Fassungsvermögen, es passt also in beide Fässer gleichviel hinein. Nun möchten Sie beide Fässer mit Wasser füllen. Zum Befüllen nehmen Sie für das eine Fass einen Gartenschlauch (kleiner Durchmesser) und für das andere einen Feuerwehrschlauch (großer Durchmesser).

Klar, dass mit einem Feuerwehrschlauch das Fass schneller voll ist als mit einem Gartenschlauch.

Auf unsere Kamera bezogen ist der enge Gartenschlauch die weit geschlossene Blende (große Blendenzahl) und der Feuerwehrschlauch die weit geöffnete Blende (kleine Blendenzahl). Bei der weit geschlossenen Blende mit beispielsweise Blendenzahl *f*22 (Gartenschlauch) dauert es länger, bis dieselbe Lichtmenge auf dem Sensor eingetroffen ist, als bei einer weit geöffneten Blende (Feuerwehrschlauch) mit Blendenzahl z. B. *f*5,6. Sie kommen also mit kleinen Blendenzahlen (weit geöffnete Blende) auf viel kürzere Belichtungszeiten als bei hohen Blendenzahlen (weit geschlossene Blende). Unveränderte ISO-Zahl und gleichbleibende Lichtverhältnisse vorausgesetzt. Kürzere Belichtungszeiten wiederum erhöhen die Wahrscheinlichkeit, dass Ihr Bild verwacklungsfrei und scharf wird.

! WICHTIG: DAS GEHÖRT ZUSAMMEN

- kleine Blendenzahl und weit geöffnete Blende (großes Loch)
- große Blendenzahl und weit geschlossene Blende (kleines Loch)

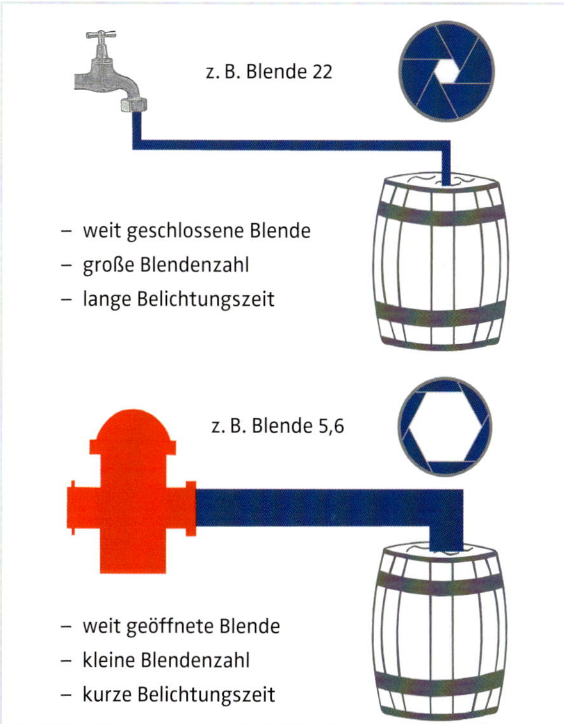

So wirkt die Wahl der Blende auf die Belichtungszeit.

Vielleicht wundern Sie sich jetzt, dass wir immer, wenn wir von einer weit geöffneten Blende reden, eine kleine Blendenzahl damit verbinden und umgekehrt, wenn wir von einer großen Blendenzahl reden, die Blendenöffnung klein ist. Das klingt erst einmal unlogisch! Es erklärt sich aber dadurch, dass die korrekte Blendenzahl ein Bruchwert ist, also nicht einfach nur *f*4, sondern *f*1/4 und nicht einfach *f*22, sondern *f*1/22. Und da der Zahlenwert 1/4 nun einmal größer ist als der Zahlenwert 1/22, löst sich das Rätsel. Es hat sich umgangssprachlich so entwickelt, dass man lieber nur die Zahl unter dem Bruchstrich als Blende nennt und nicht den ganzen Bruch. Das ist zwar für Neueinsteiger zunächst undurchsichtig und scheinbar unlogisch, aber im Alltag einfacher zu handhaben.

Wie Sie gleich noch sehen werden, ist die Blende auch noch zuständig für die im Bild mögliche Schärfentiefe, also dafür, wie viel im Bild scharf oder unscharf wird (siehe Kapitel „Schärfentiefe im Bild“).

! WICHTIG: KLEINE NUMMER – GROSSER BLENDER

Um schon mal jetzt die Konsequenzen für die Schärfentiefe, die sich aus der Blende ergeben, vorweg zu nehmen, einen etwas frechen, aber einprägsamen Merksatz:

Kleine Nummer (= kleine Blendenzahl),
großer Blender (= weit geöffnete Blende),
nichts dahinter (= wenig Schärfentiefe).

Schärfentiefe im Bild

Die Schärfentiefe ist das Ausmaß des Bereichs, der im Foto scharf abgebildet wird. Bei geringer Schärfentiefe hat man einen kleinen Schärfenbereich im Bild, bei viel Schärfentiefe ist der Bereich größer. Das Ausmaß der Schärfentiefe wird durch die eingestellte Blende und durch den Abbildungsmaßstab festgelegt. Auf den beiden folgenden Fotos können Sie vergleichen, wie verschieden der Schärfentiefebereich bei geöffneter und bei geschlossener Blende ist und wie sich dadurch die Bildwirkung verändert.

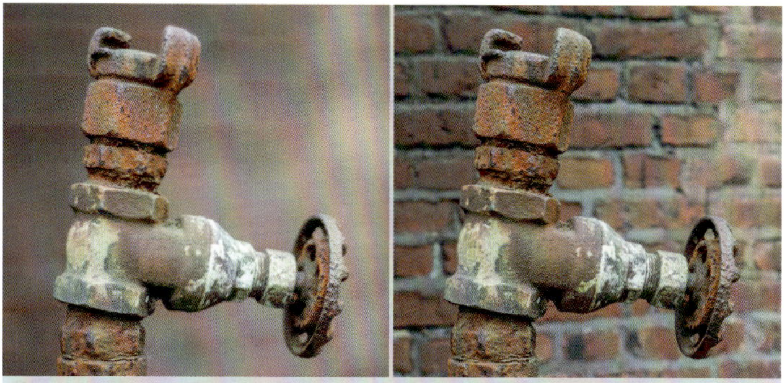

Schärfentiefe bei offener (links) und geschlossener Blende.

WICHTIG: DIE SCHÄRFENTIEFE IST UMSO GRÖSSER, …

- je geschlossener die Blendenöffnung (also je größer die Blendenzahl) ist,
- je größer der Abstand zwischen Kamera und Motiv ist,
- je kleiner der Abbildungsmaßstab ist (z. B. bei Makroaufnahmen mit einem großen Abbildungsmaßstab, etwa 1:1, ist der Schärfenbereich sehr klein).

Die Schärfentiefe dehnt sich nach vorne und nach hinten aus, und zwar in den Ebenen, die parallel zur Kamerarückwand vor dem Fotografen liegen, ausgehend von der Ebene, auf die fokussiert wurde. Bei der Landschaftsfotografie verläuft die Ausdehnung im Verhältnis ein Drittel : zwei Drittel. Bei Aufnahmen im Nahbereich dehnt sich die Schärfe ausgehend vom fokussierten Bereich gleichermaßen nach vorne und nach hinten aus.

Dies hat Konsequenzen dafür, wohin Sie die Schärfe legen, wenn bestimmte Elemente in Ihrem Bild scharf abgelichtet werden sollen. Als Faustregel gilt z. B. in der Landschaftsfotografie, dass man den Schärfepunkt mit dem Autofokus ins vordere Drittel des Bildes legen muss, wenn man eine von vorne bis hinten durchgehende Schärfe im Bild haben möchte.

Noch etwas zum Thema „Schärfe“. Die beste Schärfe hat ein Objektiv, wenn man zwei bis drei ganze Blendenstufen von der Anfangsblende des Objektivs abblendet,

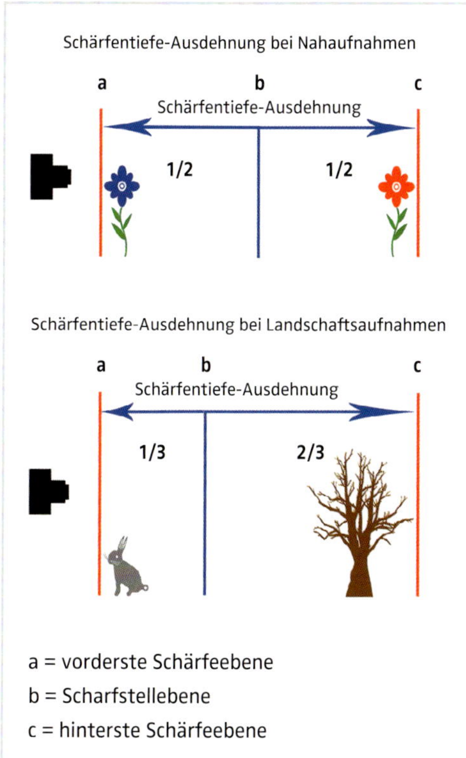

Bei Nahaufnahmen dehnt sich die Schärfentiefe ausgehend von der Ebene, auf die Sie scharf stellen (Ebene b), zu gleichen Teilen nach hinten und nach vorne aus.

Bei Landschaftsaufnahmen dehnt sich die Schärfentiefe ausgehend von der Ebene, auf die Sie scharf stellen (Ebene b), zu 2/3 nach hinten und zu 1/3 nach vorne aus.

Schärfentiefe-Ausdehnung bei Nah- und bei Landschaftsaufnahmen.

also weiter schließt. Damit ist nicht die Schärfentiefe gemeint, bitte verwechseln Sie das nicht, sondern die Schärfequalität des Objektivs. Wenn also Ihr Objektiv seine größte Blendenöffnung (kleinste Zahl) bei *f*2,8 hat, liegt die beste Schärfequalität des Objektivs bei Blende *f*5,6 oder *f*8. Startet Ihr Objektiv bei *f*5,6, dann hat es seine beste Schärfe bei Blende *f*11 oder *f*16.

GANZE BLENDENSTUFEN					
*f*1,4	*f*2	*f*2,8	*f*4	*f*5,6	*f*8
*f*11	*f*16	*f*22	*f*32		

Belichtungszeit

Eine weitere wichtige Größe beim Fotografieren ist die Belichtungszeit. Dies ist die Zeitspanne, in der nach dem Auslösen der Kameraverschluss geöffnet bleibt, in der also Licht auf den Sensor fällt. Die Belichtungszeit kann man selbst einstellen (TV bei Canon, S bei Nikon und M = manuell bei allen anderen Kameras) oder durch die Kameraautomatik einstellen lassen.

Bei kurzen Belichtungszeiten (z. B. 1/500 s) können Sie gut aus der Hand fotografieren, bei längeren Belichtungszeiten (z. B. 1/10 s) brauchen Sie ein Stativ, da Sie sonst das Bild „verwackeln“ (siehe Kapitel „Frei aus der Hand fotografieren, Bildstabilisator und Stativ“).

Sicher hat jeder schon einmal gehört, dass man, wenn man Bewegung „einfrieren“, also absolut verwacklungsfrei darstellen möchte, eine kurze Belichtungszeit einstellen muss. Doch gerade wenn man noch nicht allzu viel

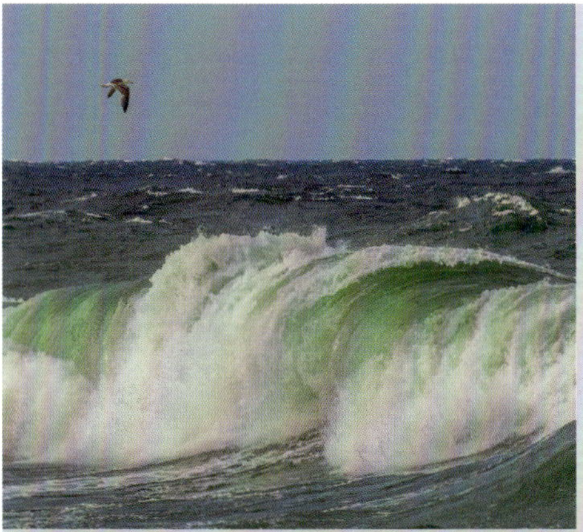

Wellen „eingefroren" bei 1/4000 s Belichtungszeit.

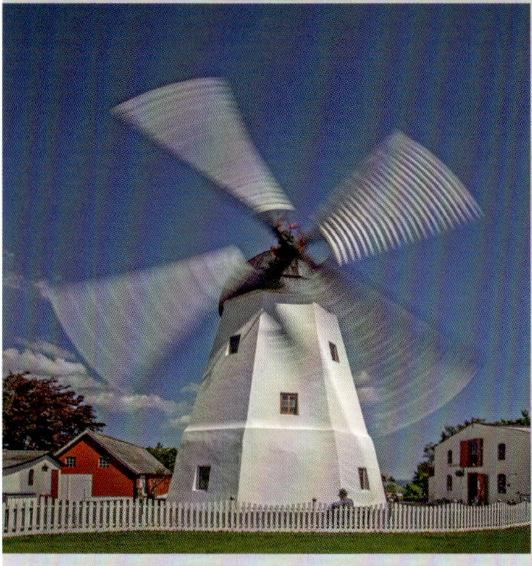

Windmühlenräder „verwischt" bei 1 s Belichtungszeit und Graufilter ND 8.

Kurze und lange Belichtungszeiten bildgestalterisch einsetzen.

Fotoerfahrung hat, raten wir dazu, die Belichtungszeit nicht mittels TV oder S selbst einzustellen, sondern auch in diesem Fall die Blende über Av oder A vorzugeben. Egal welche Blende Sie einstellen, die Kamera gibt Ihnen beim Programm der Blendenvorwahl immer die am kürzesten mögliche Zeit und nicht die Zeit, die Sie sich vielleicht wünschen.

Das heißt, wenn Sie die kleinste Blendenzahl einstellen (z. B. *f*5,6), gibt Ihnen die Kamera automatisch die kürzest mögliche Zeit für die aktuell gewählte Kameraeinstellung und für diese Lichtsituation. So wird Ihr Bild auf jeden Fall richtig belichtet. Sie müssen nur abschätzen, ob Sie die Kamera noch frei halten können, ob Sie ein Stativ nehmen müssen oder ob die Zeit, die Ihnen die Kamera zur Verfügung stellt, noch zu lang ist für die Bewegung, die Sie fotografisch einfrieren möchten.

Für die Gestaltung des Fotos ist es wichtig zu wissen, dass kurze Belichtungszeiten Bewegungen erstarren lassen, also „einfrieren“, und längere Belichtungszeiten die Bewegung verwischen lassen.

FAZIT: KURZE ZEITEN, LANGE ZEITEN

Sie können kurze und lange Belichtungszeiten in Ihren Fotos bildgestalterisch nutzen, indem Sie Bewegung mit kurzen Belichtungszeiten quasi „einfrieren", sodass keine Bewegung mehr zu sehen ist, oder indem Sie mit langen Belichtungszeiten die Bewegung durch Mitziehen der Kamera stärker zum Ausdruck bringen.

Frei aus der Hand fotografieren, Bildstabilisator und Stativ

Vielleicht haben Sie schon einmal von der Grundregel gehört, wonach sich die noch frei aus der Hand haltbare Belichtungszeit aus der Formel „1/Brennweite" ergibt. Wenn Sie also ein Objektiv von 200 mm Brennweite besitzen, könnten Sie gemäß dieser Grundregel mit einer Zeit von 1/200 s noch frei aus der Hand fotografieren, ohne zu verwackeln. Bitte betrachten Sie die Werte, die sich aus der Regel ergeben, als Minimumwerte. Das heißt, die Zeiten sollten besser noch um einiges kürzer sein. Insbesondere wenn Sie schon den ganzen Tag unterwegs waren, vielleicht ein wenig erschöpft sind und merken, dass Sie die Kamera nicht mehr so ruhig halten können.

Zusätzlich zu einer kurzen Belichtungszeit kann man natürlich, sofern vorhanden, den Bildstabilisator am Objektiv

(z. B. bei Nikon oder Canon) oder an der Kamera selbst (z. B. bei Sony) einschalten. Bei eingeschaltetem Bildstabilisator könnten Sie dann mit dem oben genannten 200-mm-Objektiv auch noch mindestens bei einer Zeit von 1/50 s verwacklungsfrei fotografieren. Der Bildstabilisator gleicht, vereinfacht ausgedrückt, Ihre Bewegungen aus und lässt das Bild im Sucher still erscheinen, obwohl man leicht wackelt. Beachten Sie bitte, dass der Stabilisator nur Ihre Bewegungen mit der Kamera abfangen kann, nicht die des sich bewegenden Motivs. Genauso ist es auch beim Arbeiten mit dem Stativ. Das Stativ gleicht lediglich die Bewegung der Kamera aus, nicht die des Motivs.

Wichtig ist auf jeden Fall, dass Sie immer Ihren Bildstabilisator ausschalten, wenn Sie vom Stativ aus fotografieren. Ansonsten kann es ebenfalls wieder zu Unschärfen kommen (siehe Kapitel „Ein paar Tipps für scharfe Fotos“).

WICHTIG:
DER EINSATZ EINES STATIVS IST SINNVOLL …

- bei langen Belichtungszeiten, da sonst die Aufnahme frei Hand verwackeln würde,
- bei Aufnahmen im Makrobereich, wo die Schärfentiefe gering ist und oftmals millimetergenau gelegt werden muss (z. B. bei Aufnahmen von Insekten),
- wenn man auf den richtigen Moment zum Auslösen der Kamera länger warten muss.

ISO und das „Tauschgeschäft"

Der ISO-Wert ist die jeweils eingestellte Lichtempfindlichkeit des Sensors. Sie sollten ihn an Ihrer Kamera immer selbst festlegen, auch wenn es die Möglichkeit gibt, den Wert automatisch durch die Kamera einstellen zu lassen. Je höher der eingestellte ISO-Wert, desto kürzer ist die Belichtungszeit. Anders ausgedrückt, Sie können bei wenig Licht (z. B. im Wald) noch frei aus der Hand fotografieren, wenn Sie den ISO-Wert z. B. von 200 auf 800 stellen. Es ist, als würde er einem Licht schenken. Doch Vorsicht, denn je höher der eingestellte ISO-Wert ist, desto eher kann es zum sogenannten „Rauschen" im Bild kommen. Das heißt, das Foto sieht etwas gekörnt aus, und beim Farbrauschen können auch rote, grüne oder blaue Punkte auftreten. Es ist also kein Geschenk, sondern eher ein Tauschgeschäft, bei dem Sie scheinbar „mehr Licht" gegen geringere Qualität tauschen.

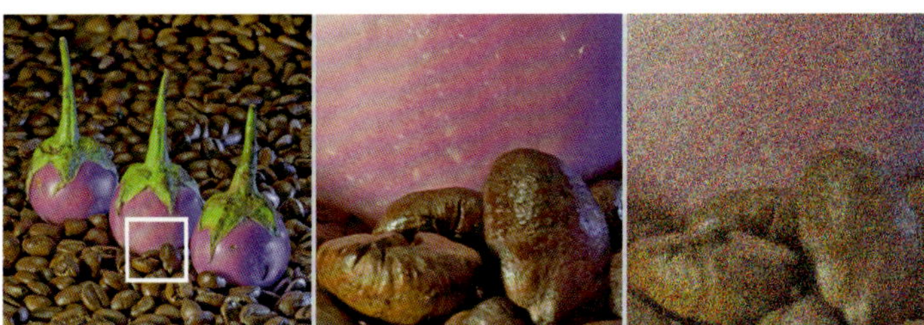

Bildrauschen bei ISO 100 (Mitte) und ISO 6400 (rechts).

Doch keine Angst: Wenn Sie den ISO-Wert mal von dem gewohnten Wert 200 auf 400 oder 800 hochdrehen, macht sich noch nicht allzu viel vom Rauschen bemerkbar. Dies passiert eher bei den ganz hohen Werten und dann überwiegend in den dunklen Bildpartien. Abgesehen davon sind die meisten Kameras der neueren Generationen in Bezug auf das Rauschen nicht mehr ganz so empfindlich wie ältere Modelle.

Letztendlich kommt es ja auch immer darauf an, wofür man die Fotos braucht, um dabei zu entscheiden, ob man mit ein wenig Rauschen im Bild leben kann oder ob es wirklich stört. Werden die Fotos für einen professionellen Vortrag vor Publikum benötigt, sind die Qualitätsansprüche sicherlich höher anzusetzen als bei Fotos, die ausschließlich der Erinnerung dienen sollen.

BILDRAUSCHEN MINIMIEREN

- niedriger ISO-Wert
- so hell wie möglich belichten
- kurze Belichtungszeiten
- Kamera und somit Sensor nicht der Hitze aussetzen
- „Raw" und nicht „Jpg" als Aufnahmeformat verwenden
- großer Sensor (z. B. Vollformat)

Den ISO-Wert sollten Sie also immer erst einmal so niedrig wie möglich wählen, z. B. ISO 100 oder 200. Benötigen

Sie für Ihr Motiv eine große Schärfentiefe, einen höheren Blendenwert und gleichzeitig auch noch eine kurze Belichtungszeit, dann erhöhen Sie ihn so lange, bis die richtigen Werte erreicht sind. Sonst fotografieren Sie zwar mit einem niedrigen ISO-Wert, erhalten aber schließlich ein unscharfes Foto, weil die Schärfentiefe nicht ausreicht oder die Belichtungszeit nicht kurz genug war.

FAZIT: DER ISO-WERT …

… sollte immer so niedrig wie möglich eingestellt werden, z. B. ISO 100 oder 200. Bei den meisten Spiegelreflexkameras können Sie aber bedenkenlos mit ISO 400 oder 800 fotografieren, ohne dass es zu starkem, störendem Rauschen kommt. Ausnahme sind Aufnahmen bei Nacht – hier bitte immer den niedrigsten ISO-Wert einstellen und mit Stativ fotografieren.

Zusammenspiel von Zeit, ISO und Blende (ZIB)

Nachdem nun Zeit (Z), ISO (I) und Blende (B) auf den vorigen Seiten einzeln vorgestellt wurden, möchten Sie sicher wissen, wie diese drei Parameter zusammenspielen.

Bei der von uns empfohlenen Programmwahl Av bzw. A, also der Blendenvorwahl, bedeutet ein Erhöhen des ISO-Wertes bei gleichbleibenden Lichtverhältnissen eine

Verkürzung der Belichtungszeit. Die vorgewählte Blende bleibt dabei bestehen.

ZUSAMMENSPIEL VON ZIB BEI Av/A

- Blende *f*8 ISO 100 Zeit 1/100 s
- Blende *f*8 ISO 200 Zeit 1/200 s
- Blende *f*8 ISO 400 Zeit 1/400 s

Sollten Sie mit der Zeitvorwahl TV bzw. S fotografieren, bewirkt die Erhöhung des ISO-Wertes bei gleichbleibenden Lichtverhältnissen ein weiteres Schließen der Blende (höhere Blendenzahl). Die vorgewählte Zeit bleibt gleich.

ZUSAMMENSPIEL VON ZIB BEI Tv/S

- Zeit 1/100 s ISO 100 Blende *f*8
- Zeit 1/100 s ISO 200 Blende *f*11
- Zeit 1/100 s ISO 400 Blende *f*16

Möchten Sie also ein sich bewegendes Motiv aufnehmen und benötigen Sie dazu eine kürzere Belichtungszeit, so müssen Sie entweder die Blende weiter öffnen (kleinere Blendenzahl) oder wenn das nicht mehr geht, weil Sie schon die Blende auf ihre größte Öffnung, also den kleinsten Blendenwert eingestellt haben, den ISO-Wert erhöhen.

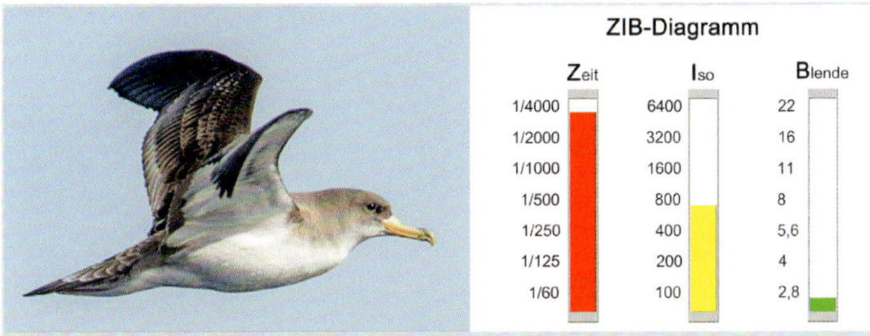

ZIB-Zeit – hier spielt eine kurze Zeit die wichtigste Rolle.

Ganz allgemein gilt: Wollen Sie sich bewegende Motive bei ungünstigen Lichtverhältnissen fotografieren, so haben Sie oftmals keine andere Möglichkeit, als die Blende weiter zu öffnen und gleichzeitig den ISO-Wert zu erhöhen. Die Gefahr hierbei ist, dass die Bildschärfe zu sehr darunter leidet oder das Bildrauschen zu stark wird.

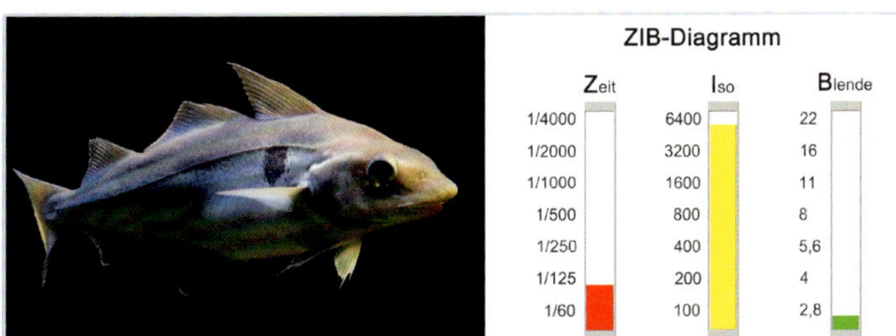

Bei wenig Licht und viel Bewegung hilft es oft, den ISO-Wert zu erhöhen.

Benötigen Sie mehr Schärfentiefe im Bild, dann schließen Sie – wenn Sie mit der Programmwahl Av/A arbeiten – einfach die Blende, indem Sie eine größere Blendenzahl einstellen. Beachten Sie, dass sich dadurch die Belichtungszeit verlängert und dass Sie eventuell ein Stativ benötigen. Das ist allerdings nur dann sinnvoll, wenn sich das Motiv nicht bewegt.

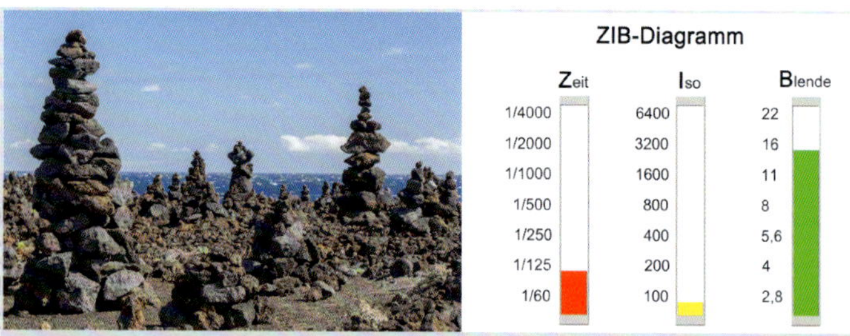

Eine hohe Blendenzahl für mehr Schärfentiefe.

Hier noch kurze Merksätze, mit deren Hilfe Sie sich die Beziehung zwischen Blendenwert, Belichtungszeit und Schärfentiefe gut einprägen können.

! WICHTIG: BEZIEHUNG ZWISCHEN BLENDENZAHL, BELICHTUNGSZEIT UND SCHÄRFENTIEFE

- Je größer die Blendenzahl, desto länger die Belichtungszeit und umso mehr Schärfentiefe.
- Je kleiner die Blendenzahl, desto kürzer die Belichtungszeit und umso weniger Schärfentiefe.

Weniger ist mehr: nur ein Autofokusmessfeld

Oftmals ist es besser, wenn Sie von den Autofokusmessfeldern möglichst wenige verwenden, am besten nur ein einziges. Bei der Verwendung mehrerer Autofokusmessfelder wählt die Kamera selbstständig die Messfelder aus, in denen sie das Motiv vermutet. Dabei kann es leicht passieren, dass die Kamera auf etwas scharf stellt, was gar nicht Ihr gewolltes Motiv ist. Deshalb – gemäß der Aussage, dass weniger oftmals mehr ist: Stellen Sie an Ihrer Kamera am besten die Option für ein einzelnes Autofokusmessfeld ein. Welches der einzelnen Autofokusmessfelder Sie aktivieren, ist dabei Ihnen überlassen. Sie können bei den meisten Kameras ganz gezielt eines anwählen,

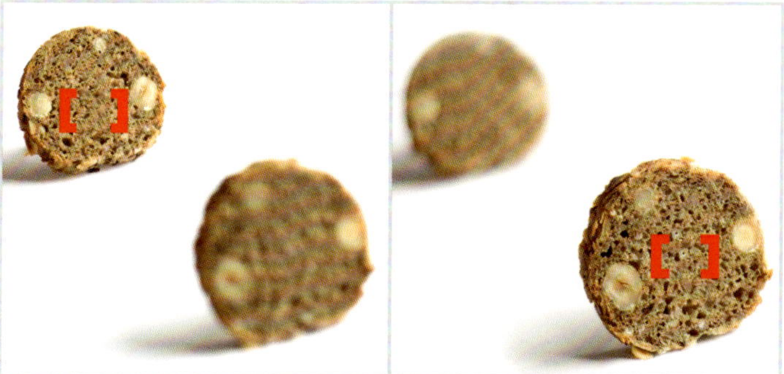

Gezielt die Schärfe legen mit nur einem Autofokusmessfeld.

entweder das Fokusfeld in der Mitte oder eines im Randbereich des Sucherfeldes. So haben Sie die Möglichkeit, mit dem Autofokusmessfeld wie mit dem Zeigefinger gezielt auf das zu zeigen, was scharf werden soll.

Autofokusmodi AF-S/One Shot und AF-C/AI-Servo

Wir haben für Sie noch einen weiteren Tipp zum Umgang mit dem Autofokus: Bei den meisten Kameras haben Sie die Möglichkeit, zwischen verschiedenen Autofokusmodi zu wählen, und zwar mindestens zwischen einem Autofokus, der für statische, sich nicht bewegende Objekte geeignet ist, und einem, der die Schärfe bei Objekten, die sich bewegen, nachführt.

Diese beiden Modi haben verschiedene Namen bei den unterschiedlichen Herstellern. Der Autofokus „AF-S" bei Nikon (Einzel- oder Singleautofokus) oder „One Shot" bei Canon ist für unbewegte Motive geeignet. In der Regel ist es so, dass wenn man den Auslöser vorsichtig bis zum ersten Druckpunkt durchdrückt, der Autofokus AF-S bzw. One Shot scharf stellt und über ein akustisches und/oder optisches Signal meldet, wenn das anvisierte Motiv scharf ist. Nun erst kann ausgelöst und damit das Foto gemacht werden. Man spricht hier von einer **Schärfepriorität**. Der gefundene Schärfepunkt wird aber auch dann von der Kamera beibehalten, wenn sich die Entfernung zum Motiv nach der Fokussierung ändert. Erst ein Loslassen und danach erneutes Drücken des Auslösers führt zu einer neuen Fokussierung.

Beim anderen Autofokus, nämlich dem „AF-C“ (kontinuierlicher Autofokus) bei Nikon bzw. „AI-Servo“ bei Canon wird, wenn der Auslöser bis zum ersten Druckpunkt durchgedrückt ist, die Schärfe bei einem sich auf Sie zubewegenden oder von Ihnen wegbewegenden Motiv von der Kamera automatisch nachgeführt. Bei der Standardeinstellung der meisten Kameras können Sie bei AF-C/AI-Servo jederzeit auslösen, auch wenn auf das Motiv eventuell noch gar nicht scharf gestellt ist. Hier spricht man von **Auslösepriorität**.

Sollte sich bei AF-S/One-Shot Ihr Motiv, z. B. bei Tier- oder Sportaufnahmen, nachdem Sie es mit dem Autofokus anvisiert haben, annähern oder entfernen, wird die Aufnahme mit dem zunächst gespeicherten Wert gemacht, auch wenn Ihr Motiv inzwischen näher auf Sie zugelaufen ist. Um hier zu einer scharfen Aufnahme zu kommen, müssten Sie also zunächst erneut den Auslöser antippen und dann auslösen – in der Hoffnung, dass das Motiv in der Zeit zwischen Anmessen und Auslösen nicht wieder aus dem gemessenen Fokusbereich heraustritt. Bei ständiger Bewegung Ihres Fotomotivs wären Sie somit mit ständigem erneutem Fokussieren beschäftigt.

Bei AF-C/AI-Servo dagegen regelt die Kamera die Schärfe nach, sollte sich Ihr Motiv bis zur Aufnahme weiter weg- oder näher an Sie heranbewegen. Und zwar solange Sie den Finger auf dem Auslöser lassen und bis zum ersten Druckpunkt gedrückt halten. Wenn Sie jetzt mit der Reihenaufnahme/Serienaufnahme (siehe Kapitel „Reihenaufnahme/Serienaufnahme“) auslösen und mehrere Fotos hintereinander machen, führt der Autofokus die Schärfe nach und Sie brauchen nicht jedes Mal neu anzumessen, wie es bei AF-S/One Shot der Fall wäre.

Ein Nachteil bei AF-C/AI-Servo kann sein, dass Sie einige unscharfe Bilder dabei haben, wenn der Autofokus für die Bewegung nicht schnell genug ist und die Schärfe deshalb nicht passend nachführen kann. Aber Sie werden sicher zahlreiche scharfe Aufnahmen haben, die Sie vielleicht mit der Einstellung AF-S/One Shot nicht bekommen hätten.

Belichten mit dem Belichtungsprogramm AV/A

Bei den Kameras können Sie in der Regel frei wählen, ob Sie die Belichtung lieber allein einstellen möchten oder ob Sie Ihre Kamera an der Arbeit teilhaben lassen, diese also zu Ihrem Assistenten machen.

Dazu können Sie am Kameragehäuse oben mit einem Drehknopf wählen, mit welchem Belichtungsprogramm Sie fotografieren möchten. Die Buchstaben, mit denen die einzelnen Programme abgekürzt sind, lauten:

- AV (bei Canon) oder A (bei Nikon) für Blendenvorwahl (= Zeitautomatik),
- TV (bei Canon) oder S (bei Nikon) für Zeitvorwahl (= Blendenautomatik),
- P für Programmautomatik
- und M für manuelles Belichten.

BELICHTUNGSPROGRAMME

- **Blendenvorwahl (AV bzw. A):** Hier stellen Sie die Blende vorab ein, und die Kamera gibt Ihnen die passende Zeit dazu.
- **Zeitvorwahl (TV bzw. S):** Hier stellen Sie die Zeit, mit der Sie fotografieren möchten, selbst ein, und die Kamera gibt Ihnen eine zu den Lichtverhältnissen passende Blende.
- **Programmautomatik (P):** Die Kamera wählt sowohl die Belichtungszeit als auch die Blende selbstständig aus. Die Zeit-/Blendenkombination ist meist ein Kompromiss zwischen optimaler Blende für ausreichend Schärfentiefe und ausreichend kurzer Belichtungszeit für verwacklungsfreie Bilder ohne Stativ.
- **Manuell (M):** Sie selber stellen die Ihnen günstig erscheinende Kombination aus Blende und Zeit ein – und die Kamera hat frei.

Wir empfehlen Ihnen, mit der Blendenvorwahl Av bzw. A zu fotografieren. Bei der Blendenvorwahl können Sie im Großen und Ganzen sicher sein, dass Ihr Bild richtig belichtet wird. Sie stellen gezielt die Blende ein, und die Zeitautomatik ermittelt für Sie die notwendige Verschlusszeit, um das Bild richtig zu belichten. Sie müssen jetzt nur noch darauf achten, dass die Zeit kurz genug ist, damit Sie beim Fotografieren ohne Stativ das Bild nicht verwackeln. Bei relativ weit geöffneter Blende und normaler Lichtsituation reicht die Belichtungszeit meist dafür aus.

!

WICHTIG: FOTOGRAFIEREN VON SICH BEWEGENDEN MOTIVEN MIT AV/A

Gerade beim Fotografieren von sich bewegenden Motiven ist das Fotografieren mit AV/A von Vorteil. Denn die Belichtungszeit, die Ihnen die Kamera gibt, ist immer auch die kürzest mögliche. Wenn Sie dagegen im Belichtungsprogramm TV/S eine kurze Zeit auf gut Glück einstellen würden, könnten Ihre Bilder schnell unterbelichtet sein, da Ihre „Wunschbelichtungszeit" für die herrschenden Lichtverhältnisse und die am weitesten mögliche Blendenöffnung, die Ihnen Ihre Kamera in diesem Fall geben würde, viel zu kurz wäre.

Belichtungsmessen in der Mitte des Bildes

Auch zum Errechnen der richtigen Belichtung Ihres Bildes bietet Ihnen Ihre Kamera verschiedene Messmethoden an. Sie unterscheiden sich dadurch, dass für die Berechnung der richtigen Belichtung von der Kamera jeweils verschieden große Bereiche des Sucherausschnitts berücksichtigt werden. Entsprechend der Größe des Messbereichs sind auch die Namen der Messmethoden gewählt.

Bei der **Selektiv- und der Spotmessung** wird nur ein kleiner Bereich in der Mitte des Bildes zur Belichtungsmessung verwendet. Dies bietet die Möglichkeit, ausschließlich einen bestimmten kleinen Bereich für die korrekte Belichtung anzumessen, beispielsweise bei Lichtsituationen mit hohem Hell-Dunkel-Kontrast.

Bei der **mittenbetonten (Integral-)Messung** haben Sie im Allgemeinen die höchste Trefferquote hinsichtlich richtiger Belichtung, da ein großer Teil des Bildes (ca. 70 %) in die Berechnung einfließt und oftmals der Bildausschnitt von Fotografien so gewählt wird, dass das Motiv mehr oder weniger in der Mitte des Bildes positioniert ist.

Bei der **Mehrfeldmessung** fließt der gesamte Bildausschnitt in die Belichtungsmessung ein. Die Mehrfeldmessung ist recht zuverlässig, kann jedoch bei starken Hell-Dunkel-Kontrasten zu Fehlbelichtungen führen.

Damit Sie nun nicht immer in den verschiedenen Lichtsituationen zwischen den einzelnen Messmethoden hin- und herspringen müssen, empfehlen wir Ihnen, immer mit der gleichen Messmethode zu arbeiten, am besten mit der mittenbetonten Messung. Und falls Sie mit dem Ergebnis nicht ganz zufrieden sind, korrigieren Sie die Belichtung für die Folgeaufnahme mit der sogenannten Plus-Minus-Taste (+/−), der Geheimtaste zur Belichtungskorrektur.

Die Geheimtaste zur Belichtungskorrektur

Wenn Sie mit den oben beschriebenen Halbautomatiken Av/A (Blendenvorwahl) oder TV/S (Zeitvorwahl) oder mit P (Programmautomatik) fotografieren und mit dem Belichtungsergebnis nicht zufrieden sind, haben Sie die Möglichkeit, mit der Plus-Minus-Taste (+/−) eine Belichtungskorrektur vorzunehmen. In den Programmen TV/S, Av/A und P können Sie ausschließlich über diese Taste Einfluss auf die Belichtung nehmen, niemals über ein Verstellen des ISO-Wertes oder indem Sie die Blende oder die Zeit verändern. Denn in den Programmen Av/A, TV/S und P würde die Kamera, wenn Sie einen der drei Werte ISO, Blende oder Zeit verändern, gleich wieder so gegenrechnen, dass bei der Folgeaufnahme das Foto genauso hell oder dunkel erscheint wie vor der Korrektur.

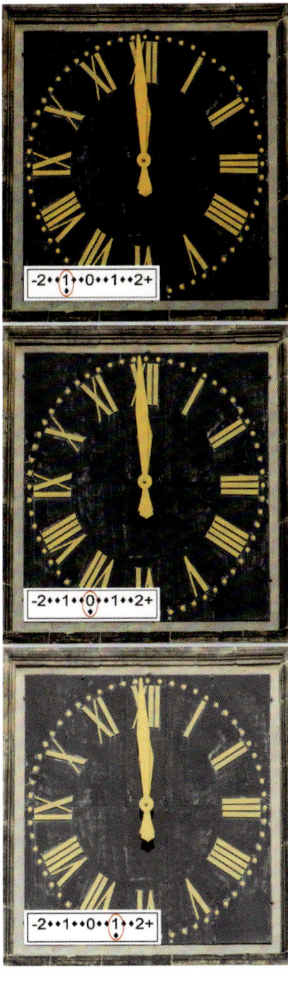

Belichtungskorrektur
mit der -Taste (+/−).

Die Kamera hat eben ihre eigene Vorstellung davon, welche die richtige Belichtung ist. Dies muss aber nicht unbedingt Ihren Wünschen entsprechen. Wenn z. B. ein starker Hell-Dunkel-Kontrast zwischen Motiv und Umgebung vorliegt, kommt es vor, dass das eigentliche Motiv durch die von der Kamera ermittelten Werte zu hell oder zu dunkel belichtet wird. Wenn Sie bei der Einstellung Av/A mit der Belichtungskorrektur die Helligkeit des Bildes verändern, ändert sich bei der Aufnahme die Belichtungszeit. Aber Achtung: Bei Korrektur in Richtung „minus" wird die Belichtungszeit kürzer, bei Korrektur in Richtung „plus" wird sie länger.

Über die Plus-Minus-Taste (+/–) reden wir gern als die „Geheimtaste", und zwar deshalb, weil die Kamera diese Taste nicht kennt. Denn sonst würde sie gegensteuern, um das Bild so zu belichten, wie sie es für richtig hält.

WICHTIG: BELICHTUNGSKORREKTUR MIT DER PLUS-MINUS-TASTE (+/–)

Wenn Sie mit dem Belichtungsergebnis bei einem Bild nicht zufrieden sind, können Sie für die nächste Aufnahme den Pegel in Richtung „plus", also heller, oder in Richtung „minus", also dunkler, drehen. Aber Achtung: Es wird immer das gesamte Bild heller oder dunkler gemacht, niemals nur einzelne Bildelemente. Und nicht vergessen, nach der Aufnahme wieder auf „0" zurückzustellen, denn das geht leider nicht automatisch.

Reihenaufnahme/Serienaufnahme

Mit der Reihenbild- oder Serienbildfunktion Ihrer Kamera können Sie in schneller Folge eine Vielzahl von Fotos machen, je nach Kamera in einer Geschwindigkeit von etwa drei bis zehn Bilder pro Sekunde. Damit können Sie z.B. in der Tierfotografie Bewegungsabläufe fotografieren und im Nachhinein auswählen, mit welchem der Fotos Sie den interessantesten Moment erwischt haben. Den richtigen Moment zu beobachten und ihn dann mit der Einstellung „Einzelbild“ richtig zu erwischen, ist oftmals gar nicht möglich, da unser Auge die schnellen Bewegungsabläufe zeitlich nicht auflösen kann, wir also ohne Hilfe diese Nuancen im Bewegungsablauf gar nicht erkennen.

Wo Sie von „Einzelbild“ auf „Reihenaufnahme“ bzw. „Serienbildaufnahme“ umstellen können, ist bei den Kameras verschieden. Bei manchen müssen Sie es im Menü einstellen, bei vielen ist direkt auf dem Kameragehäuse ein Bedienelement dafür vorgesehen. Sollte Ihre Kamera bei eingestellter Reihenaufnahme trotz durchgedrücktem Auslöser zwischendurch keine Fotos machen, ist sie ganz einfach mit dem Abspeichern der bisherigen Aufnahmen beschäftigt. Gehen Sie also mit Bedacht an die Fotos, die Sie in Reihe machen wollen, sonst könnte Ihre Kamera gerade im entscheidenden Moment eine Speicherpause machen und Sie um die vielleicht interessantesten Fotos bringen.

Objektiv-Brennweiten

Im Folgenden möchten wir Ihnen einen kleinen Überblick über die verschiedenen Objektiv-Brennweiten geben und was die verschiedenen Brennweiten für das Fotografieren bedeuten. Bekommen Sie keinen Schreck: Wie bereits im Kapitel „Los geht's: Vorbereitungen" besprochen, müssen Sie nicht alle Objektive besitzen, um bildgestalterisch ausdrucksstarke Fotos zu machen. Deshalb: Verstehen Sie dies als eine Vorstellung von Objektivequipment, das Ihnen Aufnahmen im breiteren Umfang und in verschiedenen Bereichen der Fotografie ermöglicht, aber nicht als notwendige Voraussetzung, um überhaupt zu fotografieren.

Auf Ihren Objektiven steht vorne eine Angabe über deren Brennweite. Die Brennweite wird in Millimeter (mm) angegeben. Für Sie ist wichtig zu wissen, dass Objektive mit unterschiedlichen Brennweiten das Motiv auf unterschiedliche Weise abbilden. Objektive mit kurzen Brennweiten (z. B. 18–40 mm) werden Weitwinkelobjektive genannt, mit einer Brennweite von etwa 50 mm gelten sie als Normalobjektive und mit Brennweiten darüber (70–400 mm) nennt man sie Teleobjektive.

Diese Namen sind nicht zufällig gewählt, denn mit der Brennweite des Objektivs verändert sich der Bildausschnitt. Bei einem Weitwinkelobjektiv passt sehr viel mehr auf das Bild, weil der horizontale und der vertikale Bildwinkel wesentlich weiter sind als bei einem Teleobjektiv

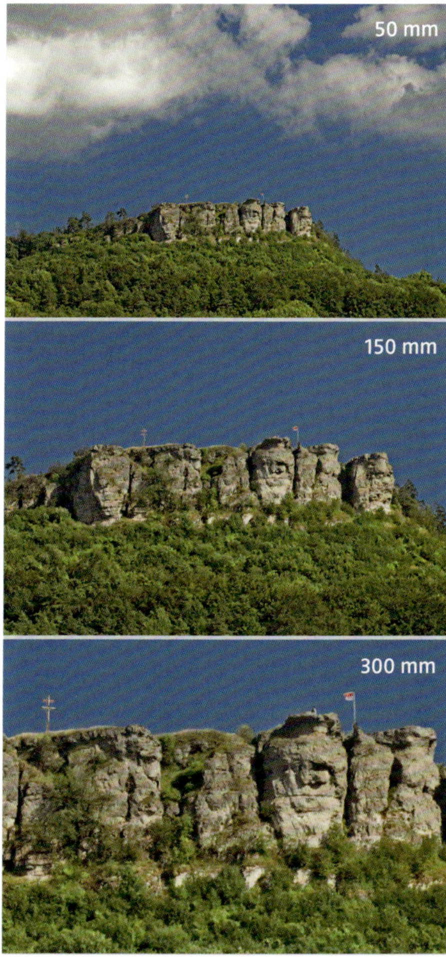

Aufnahme vom selben Standpunkt mit 50 mm, 150 mm und 300 mm Brennweite.

mit recht engen Bildwinkeln. An den Seiten rechts und links und auch nach oben und unten haben Sie beim Weitwinkel mehr auf dem Bild als bei der gleichen Aufnahme mit Normalobjektiv oder Teleobjektiv. Dafür holen Sie mit dem Teleobjektiv Dinge aus der Ferne näher heran, sodass sie auf dem Foto größer abgebildet werden als mit Weitwinkel- oder Normalobjektiv.

BRENNWEITENBEREICHE UND OBJEKTIVE

- Superweitwinkelbereich: 10–18 mm, z. B. Zoomobjektiv 10–20 mm oder 12–24 mm
- Weitwinkelbereich: 18–55 mm, weiter Bildwinkel, viel auf dem Foto abgebildet, aber recht klein, z. B. Zoomobjektiv 18–55 mm
- Normalbereich: etwa 50 mm
- Telebereich: 70–400 mm, enger Bildwinkel, wenig auf dem Foto, dafür aber recht groß, z. B. Zoomobjektiv 70–200 mm oder 70–300 mm
- Supertelebereich: größer als 400 mm, z. B. Zoomobjektiv 150 – 500 mm

Makroobjektive: Für Aufnahmen kleiner Motive wie Insekten, Schmuck oder Münzen sind Makroobjektive von besonderem Interesse. Sie zeichnen sich dadurch aus, dass sie mit einem besonders geringen Objektabstand eingesetzt werden können und es dadurch ermöglichen, einen besonders großen Abbildungsmaßstab zu erreichen. Das heißt, Sie können recht nahe an Ihr Motiv herangehen und es relativ groß abbilden. „Echte“ Makroobjektive sind immer Festbrennweiten. Es gibt sie beispielsweise in 60 mm, 70 mm, 100 mm, 105 mm, 150 mm sowie in 180 mm Brennweite. Allen ist gleich, dass sie sowohl im Fernbereich als auch bei großen Abbildungsmaßstäben eine gute Qualität haben und somit universell einsetzbar sind. Ebenfalls ist allen gleich, dass sie bis zu einem Maßstab von 1:1 maximal abbilden können. Das heißt, wenn man so nahe wie vom Objektiv aus möglich herangeht, kommt man auf einen Abbildungsmaßstab von 1:1.

Cropfaktor: Die oben genannten Brennweiten können bei verschiedenen Kameras unterschiedliche Bildausschnitte ergeben. Das liegt daran, dass sich die Brennweitenangaben auf das klassische Kleinbildformat der analogen Fotografie beziehen. Die Negative maßen damals 24 x 36 mm. Bei den digitalen Vollformat-Kameras hat der Sensor in etwa die gleiche Größe wie die analogen Negative. Die meisten digitalen Kameras haben jedoch einen Bildsensor, der kleiner ist als das besagte Negativformat. Bei diesen Halbformat-Kameras ist ein sogenannter „Cropfaktor“ angegeben, mit dem Sie die Brennweite Ihres Objektivs multiplizieren, wenn Sie wissen wollen, mit welcher Brennweite in Kombination mit Ihrer Kamera Sie genau fotografieren. Das ist eine kleine rechnerische Spielerei, die Sie nicht unbedingt durchführen müssen. Für die praktische Umsetzung eines Fotos bedeutet es allerdings, dass Sie mit einer Halbformat-Kamera mit dem gleichen Objektiv nicht so nahe an Ihr Motiv herangehen müssen, um es formatfüllend aufzunehmen. Sie haben also eine scheinbare Brennweitenverlängerung. Scheinbar deshalb, weil das Motiv nicht wirklich größer abgebildet wird, sondern der Rest, der nicht mehr auf das Halbformat passt, abgeschnitten, also „gecropt" wird. Das Halbformat ist somit eine Ausschnittvergrößerung des Vollformats.

WICHTIG: STREULICHTBLENDE NICHT VERGESSEN

Vergessen Sie nicht, für Ihre Objektive, die Sie zum Fotografieren mit nach draußen nehmen, auch die jeweils passende Streulichtblende einzupacken. Schrauben Sie diese auch an schattigen Tagen auf das Objektiv, denn sie vermeidet nicht nur, dass beim Fotografieren überflüssiges Streulicht auf den Sensor gelangt, sondern wirkt auch als ein hervorragender Stoßschutz.

Nützliche Filter

Im Folgenden möchten wir Ihnen einige Filter vorstellen, die Sie beim Fotografieren dabei haben sollten, sei es um das Objektiv zu schützen, wie mit dem UV-Filter, oder um bildgestalterisch tätig zu werden und ganz bestimmte Effekte mit den Filtern zu erzielen, wie z. B. mit dem Grau- oder dem Polfilter.

UV-Schutzfilter (umgangssprachlich „UV-Filter")

Zur Zeit der analogen Fotografie wurden UV-Filter hauptsächlich in Gebieten mit erhöhter UV-Strahlung wie am Meer oder im Gebirge vor das Objektiv geschraubt. Damit wollte man einen Blaustich, der durch starke UV-Strahlung auf den Fotos entstehen konnte, vermeiden. Wie bei keinem anderen Filter gehen in der heutigen digitalen Fotografie die Meinungen über den UV-Filter auseinander. Da er keinerlei farbliche Beeinträchtigung der Fotos zur Folge hat und auch kein Licht schluckt – jedenfalls nicht in den Mengen, die das menschliche Auge wahrnimmt und die sich beim Fotografieren bemerkbar machen –, fotografieren wir immer mit UV-Filter. Er bietet dem Objektiv einen guten Schutz vor Schmutz. Beim Putzen des Objektivs ist man sonst immer voller Sorge, Kratzer darauf zu verursachen. Wenn aber der UV-Filter einmal auf das saubere, staubfreie Objektiv aufgeschraubt ist, kann nahezu kein Schmutz mehr auf die Frontlinse des Objektivs kommen. Zudem bietet der UV-Filter einen guten Schutz vor Stößen. Natürlich müssen Sie aber selbst entscheiden, ob Sie diesen Filter nutzen möchten oder nicht.

Graufilter

Einen Graufilter setzen Sie beim Fotografieren ein, wenn Sie eine Belichtungszeit von einer oder sogar mehreren Sekunden benötigen, es aber noch heller Tag ist, die Sonne scheint und wenn Sie trotz Schließen der Blende und Einstellen eines sehr niedrigen ISO-Wertes nicht auf die benötigte Zeit kommen. Selbst wenn Sie die höchste Blendenzahl Ihres Objektivs einstellen, die Blende also weit schließen und den niedrigsten ISO-Wert einstellen, kommen Sie bei Sonne nicht unter 1/20 s Belichtungszeit. Das ist für bestimmte Effekte, die man erzielen möchte, oftmals nicht lang genug. Möchten Sie beispielsweise die Brandung einer Meeresküste nebelhaft erscheinen zu lassen, so benötigen Sie mehrere Sekunden Belichtungszeit, je nachdem, wie stark der Effekt ausgeprägt sein soll.

Es gibt Graufilter in verschiedenen Dichten. Solche, wo Sie noch durchschauen können, und andere, die ein Durchschauen nahezu unmöglich machen und wo man nur schemenhaft den Bildausschnitt erahnen kann. Die Angaben zur Dichte der Filter sind leider bei den verschiedenen Herstellern sehr unterschiedlich. Wir nehmen gern einen sehr dichten Filter, z. B. den Neutraldichtefilter ND 3.0, 1000-fach, 10 Blendenstufen dunkler. Damit haben wir die maximale Abdunkelung mit der am längsten möglichen Belichtungszeit. Wir können aber durch Öffnen der Blende, also durch Einstellen von niedrigeren Blendenwerten und ein Erhöhen des ISO-Wertes, die

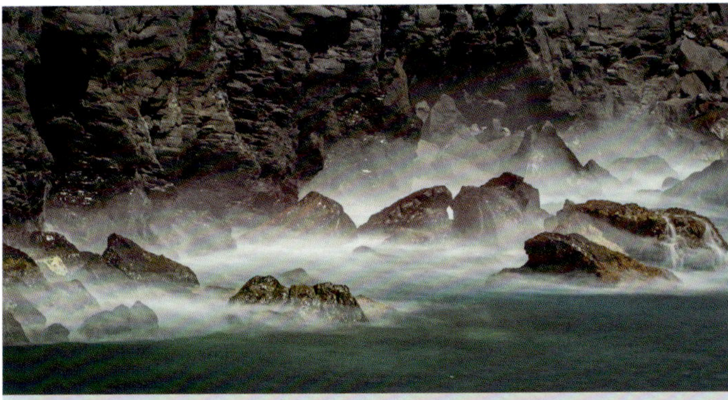

Siehe Workshop „Neblige Meeresküste durch Graufilter".

Belichtungszeit verkürzen und somit den Effekt vermindern, wenn er uns zu stark erscheint. Durch dieses Zusammenspiel von Blende, ISO und dunklem Filter hat man große Variationsmöglichkeiten.

Grauverlaufsfilter

Wenn beispielsweise in der Landschaftsfotografie ein hoher Helligkeitsunterschied zwischen der Landschaft am Boden und dem Himmel besteht, müssten Sie sich ohne Grauverlaufsfilter entscheiden, was Sie richtig belichten wollen. Denn Ihre Augen und Ihr Gehirn können beim Betrachten der Landschaft den Kontrast weitestgehend ausgleichen, sodass Ihnen der Himmel nicht zu hell und der Bodenbereich nicht zu dunkel vorkommen. Sie können sogar noch Zeichnung in dunklen Schattenbereichen erkennen. Doch dies kann Ihre Kamera oft leider nicht so gut. Wenn Sie die dunklen Stellen im Bodenbereich richtig belichten, wird der Himmel zu hell, wenn Sie den Himmel richtig belichten, wird der Bodenbereich zu dunkel.

Der Grauverlaufsfilter – nicht zu verwechseln mit dem oben vorgestellten Graufilter, der durchgehend gleichmäßig grau ist – hilft hohe Kontraste zu überwinden, da im Glas des Filters ein Grauverlauf eingelassen ist, sodass ein Teil des Filters dunkel ist und zum gegenüberliegenden Teil zu einer klaren transparenten Scheibe verläuft.

Es gibt drei Arten von Grauverlaufsfiltern: solche mit einer harten Verlaufsgrenze ab der Mitte des Filters, solche mit einer weichen Verlaufsgrenze ab der Mitte des Filters und solche, bei denen ein langsamer Verlauf über den gesamten Filter geht. Grauverlaufsfilter gibt es als Schraubfilter und als Scheiben, die in eine Halterung, die am Objektiv befestigt wird, hineingeschoben werden. Bei dem Schraubfilter ist der Grauverlauf immer in der gleichen Höhe des Bildes, wohingegen Sie bei der Filterscheibe im Halterungssystem die Höhe des Verlaufs variieren können. Wie Sie den Grauverlaufsfilter bildgestalterisch auch anders einsetzen können, zeigen wir Ihnen im Workshop „Grauverlaufsfilter mal quer gestellt“.

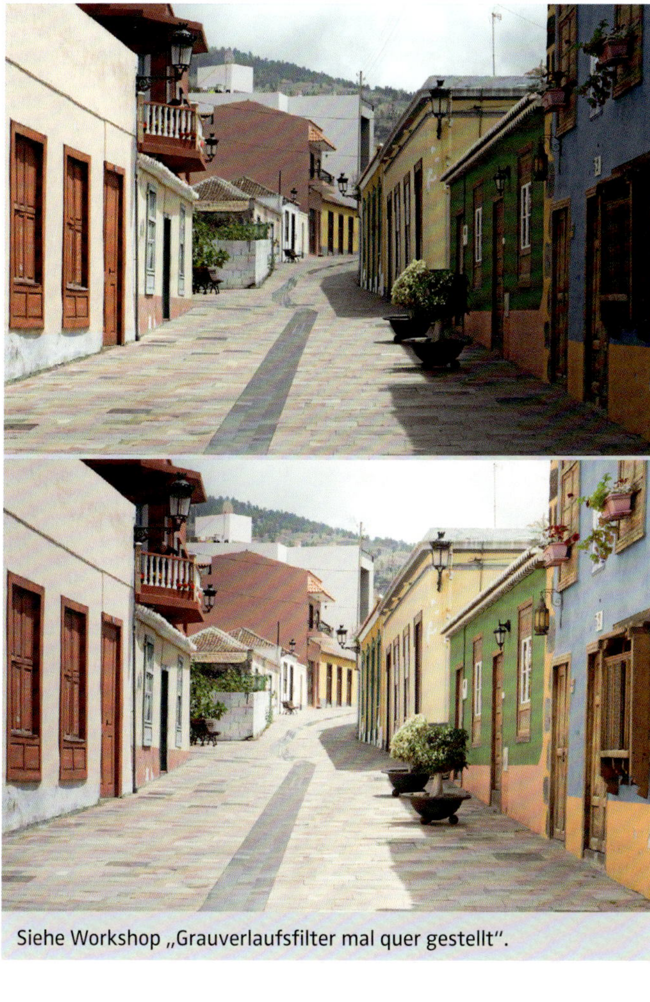

Siehe Workshop „Grauverlaufsfilter mal quer gestellt".

Polfilter

Den Polfilter setzen Sie ein, um Reflexionen auf Oberflächen zu vermindern. Er besteht aus zwei Scheiben, die Sie gegeneinander verdrehen können, sodass Sie selbst einstellen, wie stark die Wirkung des Polfilters sein soll. Er wird auch in der Landschaftsfotografie gerne eingesetzt, weil er die Farben verstärkt, indem er Lichtreflexionen von Blättern und Gräsern wegnimmt oder auch das Blau des Himmels kräftiger erscheinen lässt.

Mit dem Polfilter erzielen Sie die beste Wirkung, wenn Sie in einem Winkel von 30–45 Grad vor dem Motiv stehen, von dem Sie die Spiegelung nehmen möchten, also beispielsweise seitlich zu einer Schaufensterscheibe. Ob Sie mit dem Polfilter eine Wirkung erzielen oder nicht, können Sie auch testen, ohne ihn vor das Objektiv zu schrauben – nämlich indem Sie ihn mit dem Gewinde in Richtung Ihres Gesichtes vor Ihr Auge halten und ihn dann drehen. Wenn sich nichts ergibt, brauchen Sie den Filter gar nicht erst vor das Objektiv zu schrauben. Beachten Sie, dass der Polfilter Ihnen Licht in Höhe von bis zu ca. zwei Blendenwerten nimmt. Das kann Sie ganz schnell zu Belichtungszeiten bringen, die Sie nicht mehr aus der Hand halten können oder die für ein sich bewegendes Motiv viel zu lang sind. Setzen Sie den Polfilter immer nur gezielt und bewusst ein.

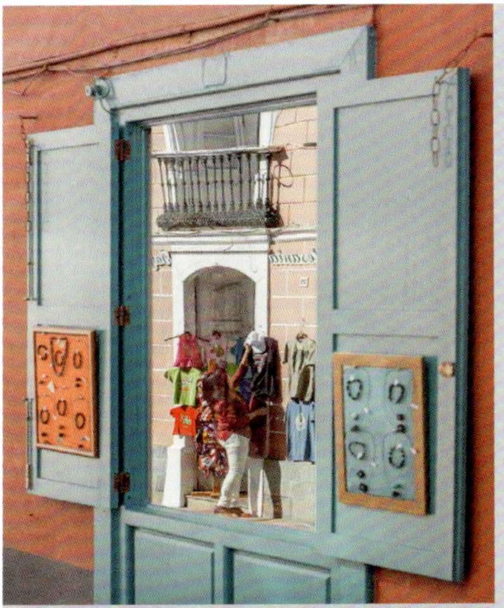

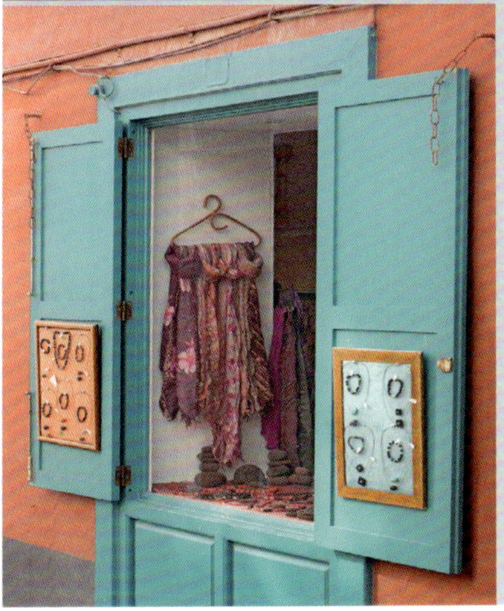

Siehe Workshop „Ins Schaufenster geschaut“.

Ein kleiner Tipp am Rande: Wenn Sie den Polfilter auf Ihr Objektiv schrauben, dann nur locker, sodass er gerade noch nicht herunterfällt. Denn schnell ist der Filter so festgedreht, dass er sich nur schwer wieder abschrauben lässt. Da der Filter aus zwei Scheiben besteht, drehen Sie dann nur die beiden Scheiben gegeneinander und bekommen den Filter nicht vom Objektiv herunter. Es gibt jedoch einen Tipp, falls Ihnen das passieren sollte: Nehmen Sie einfach Tesafilm oder ein Stück Pflaster aus dem Erste-Hilfe-Kasten und kleben Sie damit vorsichtig die beiden Scheiben zusammen. Eine Schicht dünner Klebestreifen genügt. Passen Sie auf, dass Sie den Filter dabei nicht am Objektiv festkleben, sonst funktioniert es nicht. Sie haben nun durch die mit dem dünnen Klebestreifen zusammengeklebten Filterscheiben eine breitere Fläche, die Sie besser greifen und somit auch abschrauben können.

Ein paar Tipps für scharfe Fotos

Bevor wir zum Schluss dieses Kapitels kommen und Sie gleich in den Workshopteil des Buches führen, möchten wir Ihnen noch einige Tipps geben, damit Ihre Fotos scharf werden, und zwar genau dort, wo Sie die Schärfe haben möchten. Schärfe ist zwar nicht alles, was ein gutes Bild ausmacht, doch wenn Bilder ungewollt unscharf werden und man nicht so genau weiß, woran es liegen könnte, ist das auch nicht schön. Deshalb geben wir noch ein paar Tipps in der folgenden Auflistung.

Dazu vorweg: die Abkürzung „AF“ bedeutet übrigens „Autofokus“ und „MF“ heißt „manuell fokussieren“. Sie können am Objektiv Ihrer Kamera zwischen den beiden Optionen wählen. Manchmal müssen Sie dafür zusätzlich an Ihrem Kameragehäuse einen kleinen Hebel verstellen. Das ist von Kamera zu Kamera verschieden. Haben Sie AF eingestellt, übernimmt die Kamera das Scharfstellen für Sie. Bei MF müssen Sie selber über den Schärfering an Ihrem Objektiv die Schärfe einstellen. Das klappt aber nur, wenn der Kamerasucher auf Ihr Auge eingestellt ist (siehe Kapitel „Kamerasucher auf das Auge einstellen“).

TIPPS FÜR SCHARFE FOTOS

- Wählen Sie eine möglichst kurze Belichtungszeit bei sich bewegenden Motiven (z. B. 1/300 s und kürzer) und/oder wenn Sie mit einem Teleobjektiv fotografieren.
- Schalten Sie immer den Bildstabilisator aus, wenn Sie vom Stativ aus fotografieren.
- Stellen Sie mit dem Dioptrienrädchen den Sucher Ihrer Kamera auf das Auge ein, mit dem Sie beim Fotografieren durch den Sucher schauen.

- Benutzen Sie bei langen Belichtungszeiten ein Stativ.
- Achten Sie darauf, ob Sie auf AF oder MF eingestellt haben, denn bei MF müssen Sie selbst scharf stellen.
- Wenn Sie ein Stativ verwenden, nutzen Sie einen Fernauslöser (nicht den Selbstauslöser, denn der verzögert die eigentliche Aufnahme um einige Sekunden, und die interessante Situation kann dann bereits vorbei sein).
- Verwenden Sie einen möglichst niedrigen ISO-Wert.
- Vermeiden Sie Aufnahmen mit ganz geschlossener oder ganz geöffneter Blende.

FOTOWORKSHOPS

Nun gehen wir in die Praxis über und beginnen mit den Workshops. Das große Thema „Bildgestaltung“ haben wir der Übersichtlichkeit halber in vier Bereiche aufgeteilt, die Ihnen zeigen, wie Sie mit grafischen Elementen, beim Bildaufbau, mit der Kamera und mit Elementen des Bilddesigns gestalten können.

Die einzelnen Workshops sollen Ihnen Anregungen und Ideen geben, was man in Sachen Bildgestaltung alles ausprobieren kann. Erwarten Sie nicht, dass Sie die Fotos, die in den Workshops gezeigt werden, immer 1:1 umsetzen können. Dazu sind in der Fotografie die Situationen und die Rahmenbedingungen doch zu individuell. Aber die Workshops sollen Ihnen Impulse geben, Sie inspirieren und natürlich technische Unterstützung bieten, damit Sie in ähnlichen Fotosituationen gut vorbereitet sind.

Jeder Workshop wird Sie in drei Schritten zu einem guten Bildergebnis führen. Diese drei Schritte sind die Idee des Bildes, was Sie dazu brauchen und wie Sie das Bild umsetzen.

Die Idee des Bildes: Bilder entstehen im Kopf, und deshalb möchten wir Ihnen an dieser Stelle die Idee oder die Überlegung, die wir vom möglichen Bild in der jeweiligen Situation hatten, vorstellen. Außerdem werden wir Sie auch auf mögliche Herausforderungen, die sich in dieser Situation für die Umsetzung des Bildes ergeben, aufmerksam machen.

Sie brauchen: Hier bekommen Sie von uns die wichtigsten Zutaten zur Umsetzung des Bildes genannt. Das sind zum einen natürlich handfeste Dinge wie der Einsatz eines Stativs, aber manchmal auch ganz andere Voraussetzungen wie Geduld und eine gute Beobachtungsgabe. Zu den Objektivangaben sei noch gesagt, dass Sie, wenn Sie kein Objektiv in der genannten Brennweite besitzen, natürlich trotzdem versuchen können, die Bildidee mit Ihrem vorhandenen Objektiv umzusetzen.

Umsetzung: Wir beschreiben schrittweise Ihr Vorgehen zur Umsetzung des Bildes. Neben Kameraeinstellungen werden wir Sie auch auf die Perspektive wie z. B. einen tiefen Standpunkt aufmerksam machen. Sollten Sie bei der „Umsetzung" den Wert der Belichtungszeit als Angabe vermissen, beachten Sie, dass wir meistens mit dem Belichtungsprogramm Av/A arbeiten. Hier gibt Ihnen die Kamera automatisch die jeweils zur vorherrschenden Lichtsituation geeignete Zeit vor. Der genaue Zeitwert hängt wie oben beschrieben natürlich immer von der aktuellen Lichtsituation ab (siehe „Belichten mit dem Belichtungsprogramm Av/A").

Wenn wir in den Workshops mit dem Belichtungsprogramm TV/S arbeiten (z. B. im Workshop „Unschärfe durch Zoomen"), haben wir keinen Blendenwert angegeben, denn den gibt Ihnen die Kamera bei dieser Programmeinstellung automatisch dazu, und zwar jeweils entsprechend der gerade zu diesem Zeitpunkt vorherrschenden Lichtsituation.

Für alle, die gerne die Aufnahmedaten unserer Workshopbilder ganz genau wissen möchten, haben wir diese zu jedem Bild notiert.

Bedenken Sie jedoch, dass jedes Bild und die Rahmenbedingungen, unter denen es entstanden ist, einzigartig sind. Zudem hat jeder seine eigene Kameraausrüstung mit unterschiedlichen Möglichkeiten, sodass es in der Regel schwierig ist, Bilder 1:1 nachzumachen. Aber darum geht es auch gar nicht bei diesen Workshops, sondern darum, Ihnen Anregungen für eigene Fotos und Sicherheit für die mögliche Umsetzung zu geben.

ÜBERSICHT ÜBER DIE VIER WORKSHOP-THEMENBEREICHE BILDGESTALTUNG

Ein einzelner Punkt fällt auf

1 Die Idee des Bildes

Die starke Anziehungskraft, die von einem einzelnen Punkt im Bild ausgehen kann, zeigt das Foto rechts. Mit „Punkt" sind nicht winzig kleine Pünktchen gemeint, sondern ein Bereich im Bild, der sich durch seine Farbe und Form gut von der Umgebung abhebt, aber im Verhältnis zum Gesamtbild noch relativ klein ist. Die orange leuchtende Straßenlaterne wirkt ruhig und hält den Blick des Betrachters fest. Sie fällt sofort auf, denn die konkrete Form der Lampenkuppel unterscheidet sich vom Hintergrund, den der Dämmerungshimmel bildet. Auch das orangefarbene Leuchten hebt sich von den Himmelsfarben gut ab.

2 Sie brauchen

- z. B. Normalobjektiv 50 mm

3 Umsetzung

1. Wählen Sie für die Belichtung Av/A.
2. Stellen Sie eine kleine Blendenzahl ein, z. B. ƒ5,6.
3. Stellen Sie einen ISO-Wert von 400 ein.
4. Fokussieren Sie mit einem einzelnen Autofokusfeld auf die Kuppel der Straßenlaterne.
5. Lösen Sie aus.

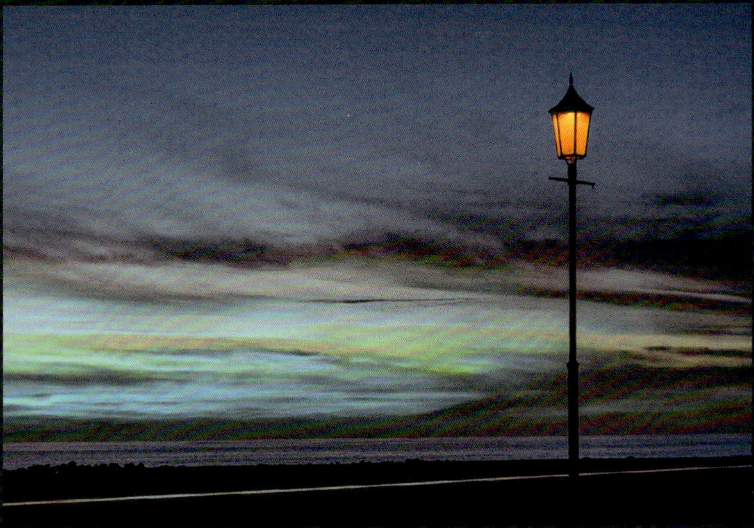

150 mm | f5,6 | 1/250 s | ISO 400

Mehrere Punkte werden zur gedachten Linie

1 Die Idee des Bildes

Zieht ein einzelner heller Punkt schon die Aufmerksamkeit des Betrachters auf sich, so wirkt eine ganze Reihe von hellen Punkten noch auffälliger. Wenn man das Foto der hintereinanderlaufenden Schafe flüchtig betrachtet, ergibt sich als erster Eindruck eine weiße Linie. Dieser Effekt wird unterstützt durch die längliche Form der hellen „Punkte", dadurch, dass sie sich in die gleiche Richtung bewegen und durch das schmale Querformat. Da ein solches Format in der Kamera so nicht eingestellt werden konnte, wurde das Bild im Nachhinein beschnitten.

2 Sie brauchen

- z. B. Teleobjektiv 70–300 mm

3 Umsetzung

1. Wählen Sie für die Belichtung Av/A.
2. Stellen Sie eine mittlere Blendenzahl ein, z. B. *f*8.
3. Stellen Sie einen hohen ISO-Wert ein, z. B. 800. Die Belichtungszeit, die aus Blendenwert und ISO-Wert resultiert, sollte bei den sich langsam bewegenden Schafen mindestens 1/150 s betragen.
4. Fokussieren Sie mit einem einzelnen Autofokusfeld.
5. Lösen Sie aus.

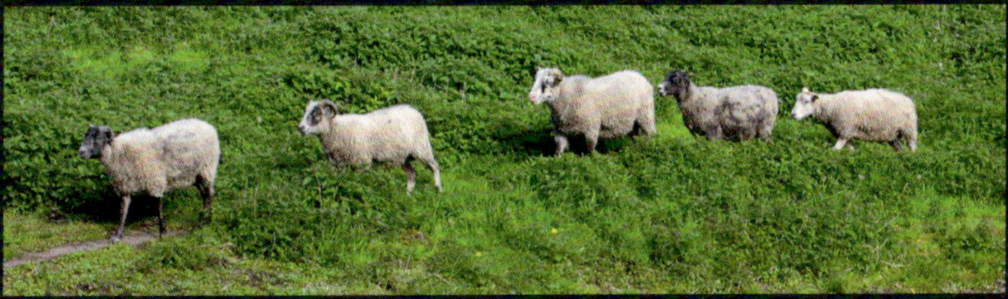

70 mm | f8 | 1/160 s | ISO 400

Horizontale Linien bringen Tiefe

1 Die Idee des Bildes

Horizontale Linien eignen sich gut für das Querformat. Liegen mehrere horizontale Linien hintereinander, bekommt das Foto räumliche Tiefe, so wie im Bild rechts, das seine räumliche Dimension durch die abwechselnde Schichtung der horizontalen Linien aus gelbem Schilf und blauem Wasser erhält. Ein einzelner Hirsch stört die Monotonie und macht das Bild dadurch interessanter. Den Bildausschnitt der Kamera haben wir so gehalten, dass der Hirsch bei der Aufnahme ungefähr auf einem der vier goldenen Schnittpunkte stand (siehe Workshop „Goldener Schnitt und mehr").

2 Sie brauchen

- z. B. Teleobjektiv 70–300 mm

3 Umsetzung

1. Wählen Sie für die Belichtung Av/A.
2. Stellen Sie eine mittlere Blendenzahl ein, z. B. *f*11.
3. Stellen Sie bei sonnigem Wetter einen niedrigen ISO-Wert ein, z. B. 200.
4. Fokussieren Sie mit einem einzelnen Autofokuspunkt ins erste Drittel des Bildes (siehe „Schärfentiefe im Bild", Skizze „Schärfentiefe-Ausdehnung im Bild").
5. Lösen Sie aus.

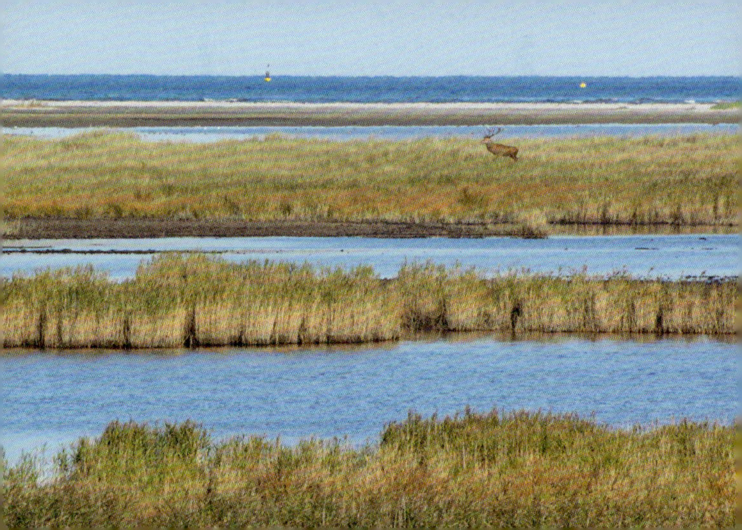

Vertikale Linien verwehren den Durchgang

1 Die Idee des Bildes

Vertikale Linien, wie in diesem Fall die Baumstämme, eignen sich gut für ein Hochformat. Mehrere vertikale Linien wirken schnell wie eine Barriere. Die dicht beieinanderstehenden Baumstämme scheinen fast wie ein Zaun. Der Betrachter käme nur schwer ins Bild hinein, wäre da nicht der leicht geschwungene Weg, der sich durch die Bäume hindurchschlängelt. Dennoch dominieren die eng beieinanderstehenden Bäume, die den Durchgang durch den Wald verwehren. Durch diesen Gegensatz wirkt das Bild spannend, denn zum einen lädt es ein zum Spaziergang, zum anderen ist nicht klar, wie und ob es nach wenigen Schritten weitergeht.

2 Sie brauchen

- z. B. Teleobjektiv 70–300 mm
- Stativ

3 Umsetzung

1. Wählen Sie für die Belichtung Av/A.
2. Stellen Sie eine mittlere Blendenzahl ein, z. B. *f*11.
3. Stellen Sie einen niedrigen ISO-Wert ein, z. B. 200.
4. Stellen Sie die Kamera auf ein Stativ. Vergessen Sie nicht, den Bildstabilisator auszuschalten.
5. Fokussieren Sie mit einem einzelnen Autofokusfeld im ersten Drittel des Weges (siehe „Schärfentiefe im Bild“).
6. Lösen Sie aus.

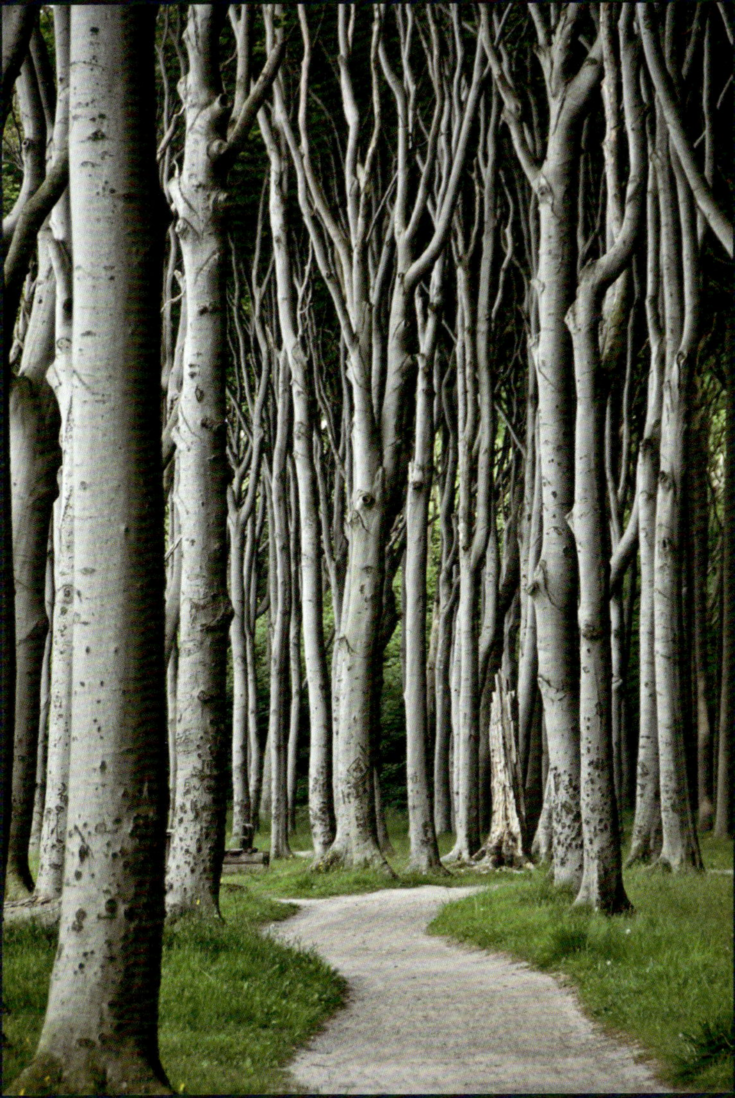

200 mm | f11 | 1/60 s | ISO 200

Diagonale mit starker Richtungsdynamik

1 Die Idee des Bildes

Diagonalen haben eine starke Dynamik. Beim Hoch- und Querformat unterscheiden sich die Diagonalen im Bild sehr voneinander, da eine Diagonale im Hochformat natürlich sehr viel steiler ist als im Querformat. Eine von links unten nach rechts oben verlaufende Diagonale wirkt harmonisch, aufsteigend und im Fall der Laternenreihe direkt ins Bild hineinführend. Das Bild wurde am Abend bei Dunkelheit in Schwarz-Weiß aufgenommen. Um bei der zu erwartenden langen Belichtungszeit am Abend das Foto nicht zu verwackeln, haben wir die Kamera auf ein Stativ gestellt. Für eine Aufnahme in Schwarz-Weiß müssen Sie im Menü Ihrer Kamera den Menüpunkt „monochrom" oder „schwarz-weiß" wählen. Die Bezeichnungen unterscheiden sich bei den verschiedenen Kameratypen.

2 Sie brauchen

- z. B. Teleobjektiv 70–200 mm
- Stativ

3 Umsetzung

1. Wählen Sie für die Belichtung Av/A.
2. Stellen Sie eine hohe Blendenzahl ein, z. B. *f*16.
3. Stellen Sie Ihre Kamera auf ein Stativ.
4. Stellen Sie einen niedrigen ISO-Wert ein, z. B. 200.
5. Wählen Sie im Kameramenü „schwarz-weiß" oder „monochrom".
6. Sollte Ihr Objektiv einen Bildstabilisator besitzen, schalten Sie diesen aus.
7. Fokussieren Sie mit einem einzelnen Autofokusfeld auf die zweite oder dritte Laterne.
8. Lösen Sie aus.

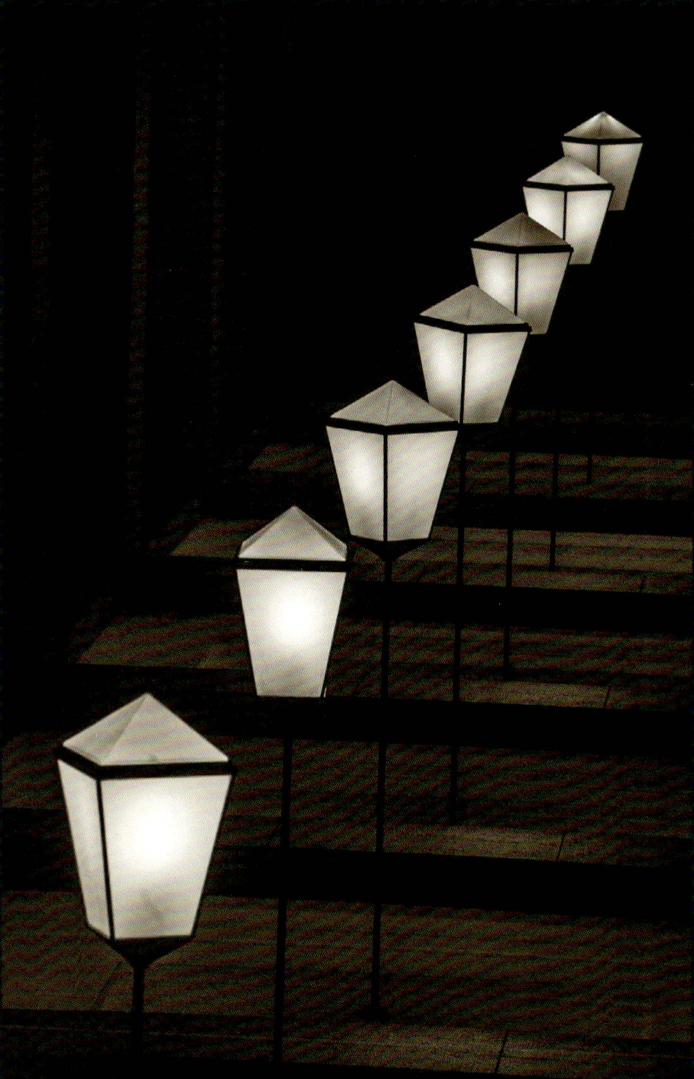

200 mm | f16 | 1/20 s | ISO 200

Sanfte Kurven

1 Die Idee des Bildes

Wie Sie in den vorangegangenen Workshops gesehen haben, findet man auch in der Natur grafische Bildgestaltungselemente. Dabei sind Punkte sowie vertikale oder horizontale Linien recht häufig. Für Kurven muss man schon etwas genauer hinsehen. Die sanften Kurven, die von den übereinanderliegenden Blättern des Farns gebildet werden, erscheinen weich und natürlich fließend. Das Auge folgt dem Verlauf der Farnblätter und wird so tastend von oben nach unten durchs Bild geführt. Bei dieser Aufnahme war absolute Windstille.

2 Sie brauchen

- z. B. Teleobjektiv 70–200 mm
- Stativ

3 Umsetzung

1. Wählen Sie für die Belichtung Av/A.
2. Stellen Sie eine mittlere Blendenzahl ein, z. B. *f*11.
3. Stellen Sie einen ISO-Wert von 200 ein.
4. Stellen Sie die Kamera auf ein Stativ und schalten Sie den Bildstabilisator aus.
5. Fokussieren Sie mit einem einzelnen Autofokusfeld.
6. Lösen Sie aus.

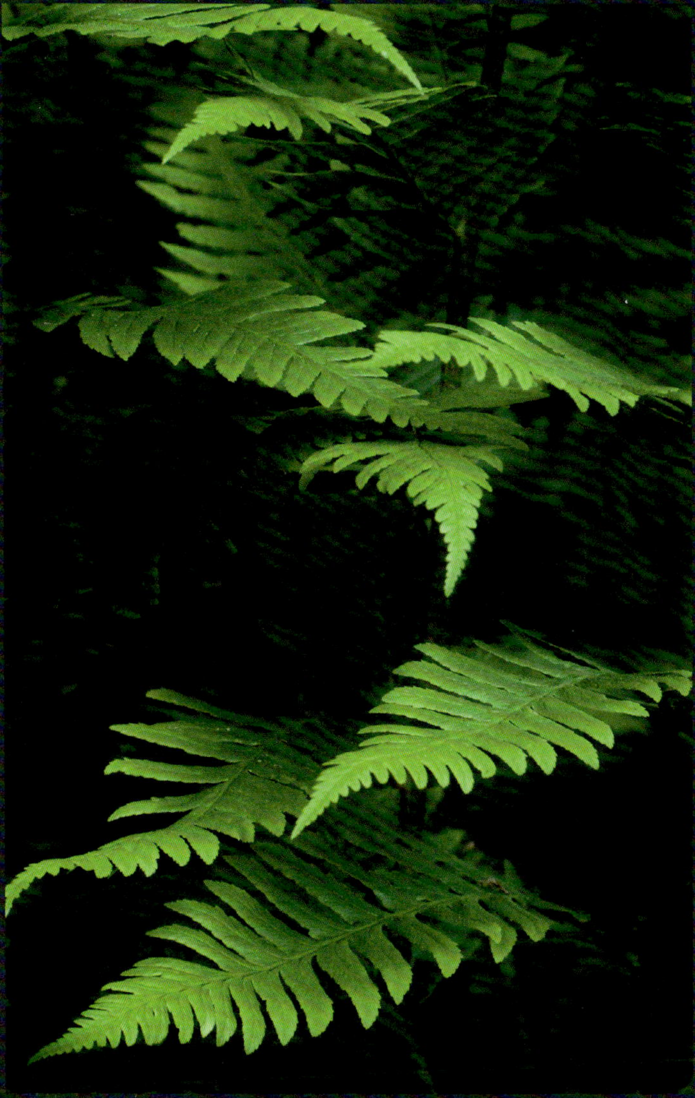

100 mm | f11 | 1/20 s | ISO 200

Kreis durch Spiegelung

1 Die Idee des Bildes

Anders als die in den vorherigen Workshops beschriebenen horizontalen und vertikalen Linien weist der Kreis aufgrund seiner Form in keine bestimmte Richtung und zeigt somit wenig Dynamik. Sein Durchmesser ist an allen Stellen gleich, er wirkt geschlossen und stabil. Der Kreis im Bild ergibt sich durch den Brückenbogen und dessen Spiegelung im Wasser. Die Ruhe der Kreisfläche wird betont durch das fast wellenfreie Wasser und das Grün der umgebenden Büsche. Die Kreisfläche selbst wird noch einmal eingerahmt durch die alten Brückensteine und ihre Spiegelung. Alles zusammen ergibt ein Foto von Ruhe und Zeitvergessenheit, unterstützt durch das quadratische Bildformat.

2 Sie brauchen

- z. B. Teleobjektiv 70–300 mm

3 Umsetzung

1. Wählen Sie für die Belichtung Av/A.
2. Stellen Sie eine mittlere Blendenzahl ein, z. B. *f*11.
3. Stellen Sie einen mittleren ISO-Wert ein, z. B. 400.
4. Fokussieren Sie mit einem einzelnen Autofokusfeld auf den Brückenbogen.
5. Lösen Sie aus.

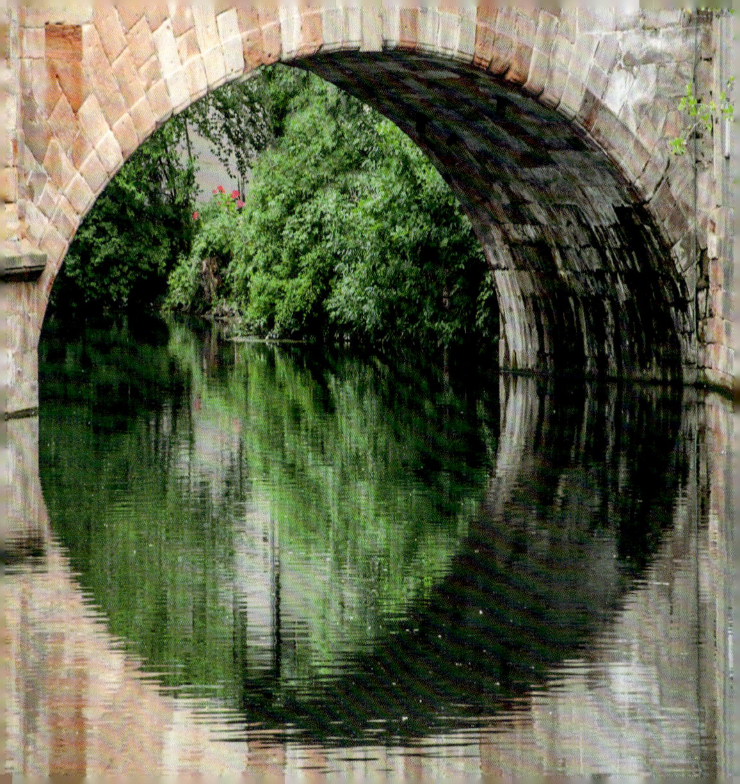

Dreiecke ordnen und stabilisieren

1 Die Idee des Bildes

Dreiecke bringen Ordnung ins Bild und haben eine harmonisierende Funktion. Das können gedachte Dreiecke sein, bei denen der Betrachter drei Bildelemente meist unbewusst durch imaginäre Linien miteinander verbindet. Oder auch wie im Foto rechts „reale" Dreiecke. Die zwei Dreiecke mit den bunten Blättern werden voreinander getrennt durch das graue Dreieck mit seinen beiden Wurzelausläufern. Das Bild wirkt übersichtlich und lebt von der Anordnung der drei grafischen Elemente und dem Farbkontrast zwischen Blättern und grauem Waldboden. Der spätere Zuschnitt des Fotos zu einem langen Hochformat spielt dabei eine wesentliche Rolle.

2 Sie brauchen

- z. B. Normalobjektiv 50 mm

3 Umsetzung

1. Wählen Sie für die Belichtung Av/A.
2. Stellen Sie eine niedrige Blendenzahl ein, z. B. f5,6.
3. Stellen Sie einen mittleren ISO-Wert ein, z. B. 400.
4. Versuchen Sie die Kamera möglichst senkrecht über den Waldboden zu halten, um möglichst wenig Schärfentiefe für das Foto zu benötigen.
5. Fokussieren Sie mit einem einzelnen Autofokusfeld auf den Waldboden.
6. Lösen Sie aus.

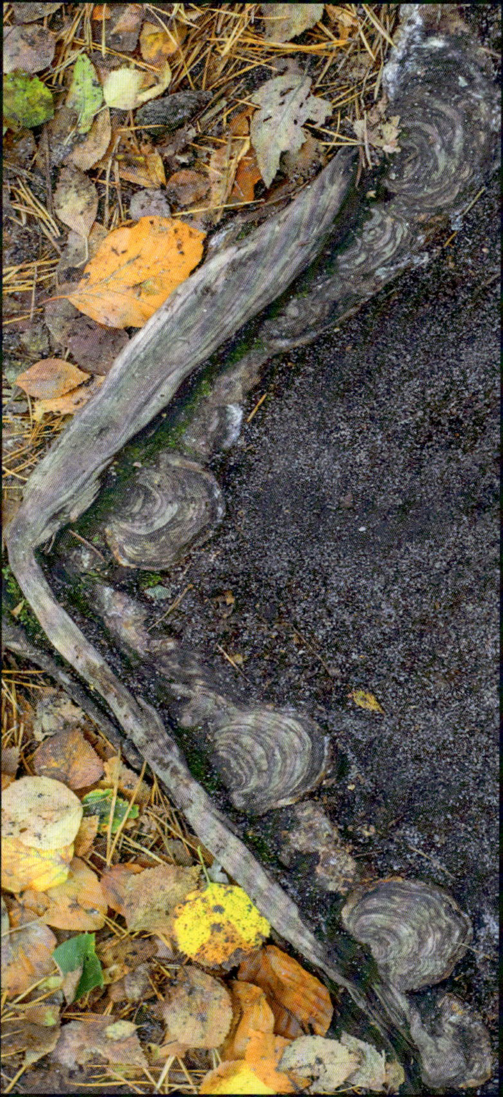

50 mm | f5,6 | 1/125 s | ISO 400

Vogelperspektive

1 Die Idee des Bildes

Der Blick von oben ist oftmals eine interessante, da ungewohnte Perspektive. Von hoch oben auf eine belebte Straße zu blicken, ist im Alltag oft nicht möglich, sodass die Aufnahme allein schon durch den hohen Standort und den Blick von oben wirkt. Der lässt das Motiv eher klein erscheinen, was in diesem Fall gut passt. Durch die Vogelperspektive wirkt die Straßenszene fast wie ein Foto, aufgenommen in einem Spielzeugland mit Miniaturautos.

2 Sie brauchen

- z. B. Teleobjektiv 70–300 mm
- Stativ
- hoher Standort

3 Umsetzung

1. Wählen Sie für die Belichtung Av/A.
2. Stellen Sie eine kleine Blendenzahl ein, z. B. ƒ5,6.
3. Stellen Sie trotz Benutzung des Stativs einen hohen ISO-Wert ein, z. B. 800 oder noch höher, damit Sie eine kurze Belichtungszeit von mindestens 1/60 s erreichen.
4. Schalten Sie den Bildstabilisator aus.
5. Fokussieren Sie mit einem einzelnen Autofokusfeld.
6. Lösen Sie aus.

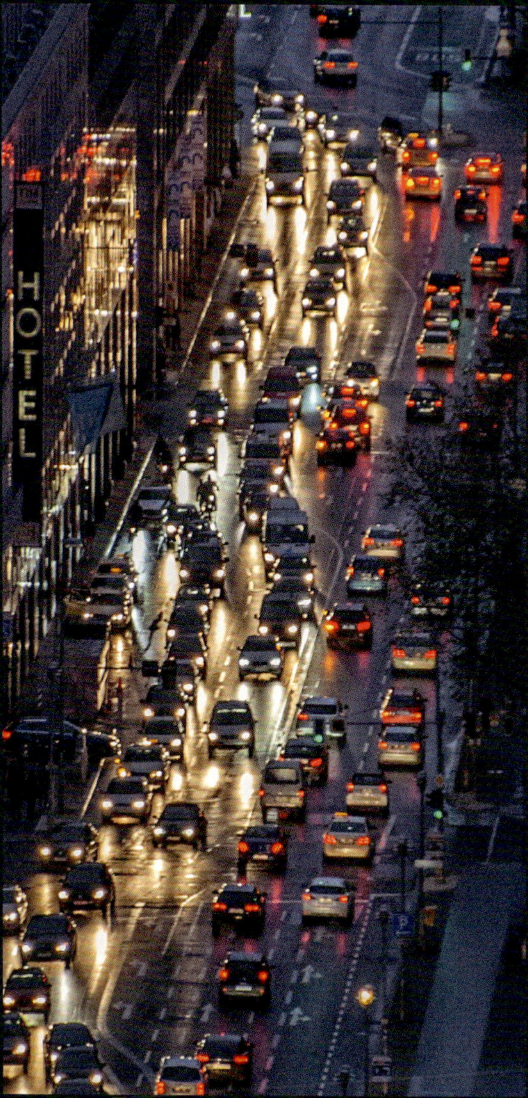

280 mm | f5,6 | 1/60 s | ISO 1000

Augenhöhe schafft Nähe

1 Die Idee des Bildes

Anders als beim vorherigen Workshop wäre ein Foto aus unserer gewohnten Sehhöhe auf das Baby herab eher ungünstig. Der Blick von oben lässt kleine Motive wie kleine Tiere oder Kinder noch kleiner erscheinen. Gehen Sie deshalb beim Fotografieren von kleinen Motiven besser in eine niedrige Aufnahmeposition, vielleicht sogar herunter bis auf Augenhöhe. Dadurch wirkt das Foto gerade bei Aufnahmen von Babys unmittelbarer, als wäre man in die Spielszene integriert. Anders als bei einem distanzierten, beobachtenden Blick von oben. Nehmen Sie sich Zeit für die Aufnahme. Verwenden Sie wenn möglich vorhandenes Licht. Bei dieser Aufnahme schien die Sonne durch die Balkontür.

2 Sie brauchen

- z. B. Objektiv 80 mm
- Decke zum Draufknien

3 Umsetzung

1. Wählen Sie für die Belichtung Av/A.
2. Stellen Sie eine mittlere Blendenzahl ein, z. B. f11.
3. Stellen Sie einen ISO-Wert von 400 ein. Die Belichtungszeit, die aus Blendenwert und ISO-Wert resultiert, sollte mindestens 1/60 s betragen.
4. Fokussieren Sie mit einem einzelnen Autofokusfeld auf das Gesicht des Babys.
5. Lösen Sie aus.

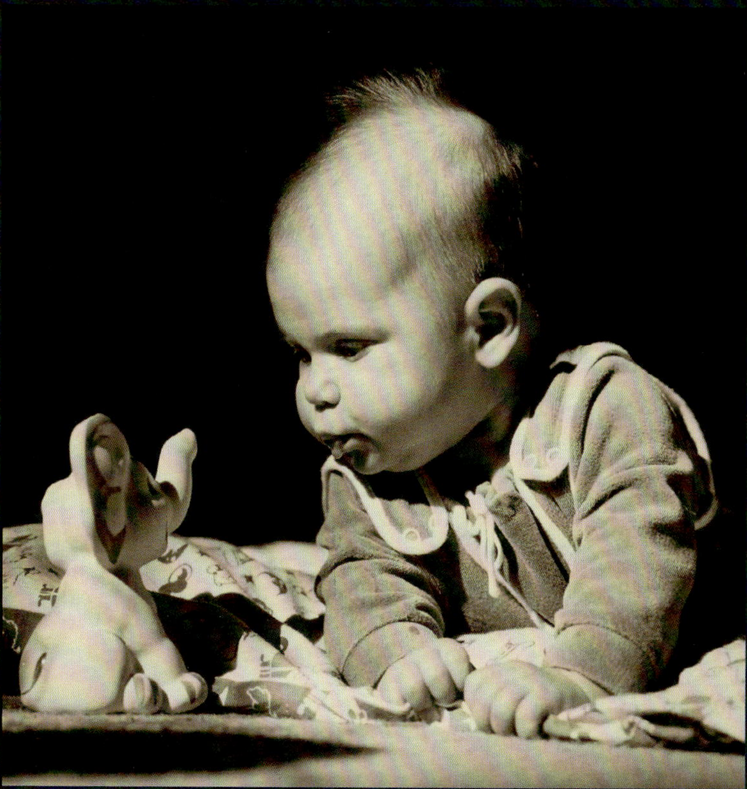

80 mm | f11 | 1/60 s | ISO 400

Froschperspektive auf der Straße

1 Die Idee des Bildes

Auch bei Straßen oder Architekturaufnahmen kann sich ein sehr niedriger Standpunkt, die sogenannte Froschperspektive, fotografisch sehr gut machen. Besonders wenn der Straßenbelag nicht einfach nur asphaltiert ist, sondern aus bunten Steinen besteht. Durch die Perspektive kommen diese gut zur Geltung. Der Sog ins Bild hinein geht nicht nur vom niedrigen Standpunkt aus, sondern auch durch den Fluchtpunkt zu den waagerechten Fensterkanten, auf die die Bordsteinkante und die Dächer der Häuser zulaufen. Die Kombination von Froschperspektive und Fluchtpunkt gibt dem Bild eine intensive Sogkraft. Damit Ihr Foto auch im vorderen Bereich scharf wird, fokussieren Sie im ersten Drittel des Bildes (siehe „Schärfentiefe im Bild"). Mehr zum Fluchtpunkt finden Sie im Workshop „Fluchtpunkt im Zentrum des Bildes".

2 Sie brauchen

- z. B. Weitwinkelobjektiv 12 mm
- Stativ
- ggf. Decke zum Draufknien

3 Umsetzung

1. Wählen Sie für die Belichtung Av/A.
2. Stellen Sie eine hohe Blendenzahl ein, z. B. *f*16.
3. Stellen Sie Ihre Kamera auf ein Stativ. Die Höhe des Stativs stellen Sie so ein, dass Sie einen sehr niedrigen Kamerastandpunkt bekommen.
4. Schalten Sie den Bildstabilisator aus.
5. Wählen Sie einen niedrigen ISO-Wert, z. B. 100 oder 200.
6. Fokussieren Sie mit einem einzelnen Autofokusfeld im ersten Drittel des Bildes.
7. Lösen Sie aus.

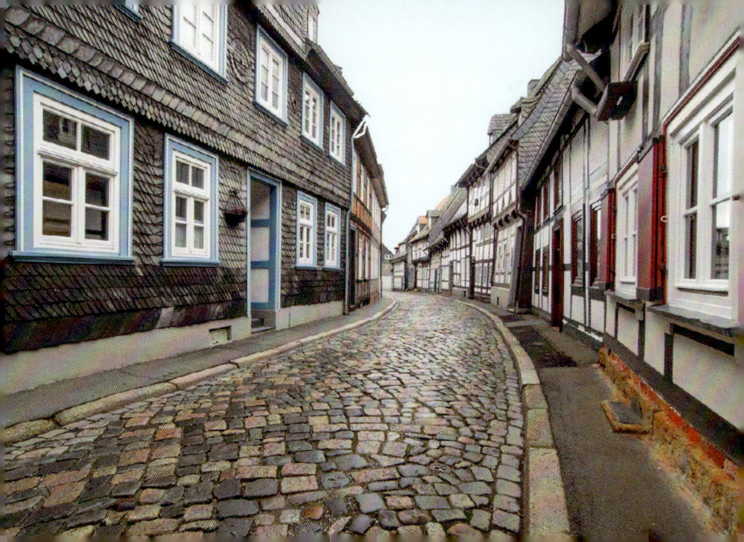

Maßarbeit: Es kommt auf Zentimeter an

1 Die Idee des Bildes

Die Laternen des Bildes sollten so aufgenommen werden, dass sich ihre vertikalen Pfähle und auch die Lampenkugeln gegenseitig möglichst nicht überschneiden und verdecken. Bei dieser Aufnahme kam es beim Aufstellen der Kamera tatsächlich auf Zentimeter an. Die Zwischenräume zwischen den senkrechten Pfählen werden nach hinten hin immer enger, doch zu einer Verschmelzung kommt es erst bei den Pfählen der letzten beiden Laternen. Da man beim Halten der Kamera immer ein wenig in Bewegung ist – und sei es nur durchs Atmen –, ist es sinnvoll, bei einer solchen Aufnahme ein Stativ zu verwenden und den Standort präzise zu wählen. Damit die Kamera beim Auslösen nicht verrissen wird, stellen Sie den Selbstauslöser ein.

2 Sie brauchen

- z. B. Teleobjektiv 70–300 mm
- Stativ

3 Umsetzung

1. Wählen Sie für die Belichtung Av/A.
2. Stellen Sie eine hohe Blendenzahl ein, z. B. ƒ16
3. Stellen Sie einen niedrigen ISO-Wert ein, z. B. 100 oder 200.
4. Stellen Sie Ihre Kamera auf ein Stativ und schalten Sie den Bildstabilisator aus.
5. Nehmen Sie sich Zeit für die genaue Position des Stativs mit der Kamera.
6. Fokussieren Sie mit einem einzelnen Autofokusfeld auf eine Laterne im ersten Drittel des Bildes.
7. Lösen Sie aus.

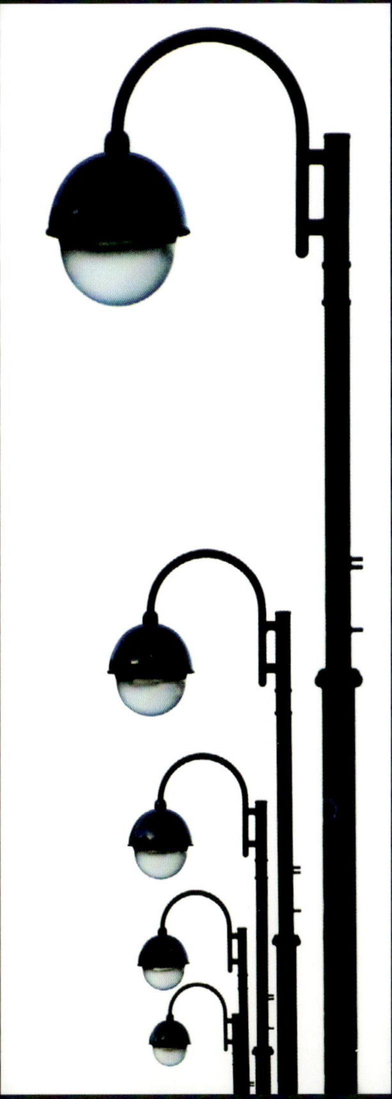

220 mm | f16 | 1/30 s | ISO 100

Dramatik durch stürzende Linien

1 Die Idee des Bildes

Mit einem Weitwinkel können Sie auf einfache Weise dramatische Effekte erzeugen, sogenannte „stürzende Linien". Sie entstehen ganz automatisch, wenn Sie Ihre Kamera beim Fotografieren von Häusern nicht parallel zur vorderen Hauswand ausrichten. Und dies tun Sie meist auch dann nicht, wenn das Gebäude selbst im Hochformat bei parallel gehaltener Kamera nicht ganz aufs Bild passt. Sie werden die Kamera wahrscheinlich unbewusst leicht kippen, so lange, bis das Haus komplett im Bildausschnitt erscheint. Beim Betrachten des Fotos werden Sie merken, dass das Haus nach hinten umzukippen scheint. Stürzende Linien kann man ganz bewusst als Bildgestaltungselement einsetzen. Der Effekt ist dynamisch, dramatisch oder auch einfach nur lustig.

2 Sie brauchen

- z. B. Weitwinkelobjektiv 12 mm

3 Umsetzung

1. Wählen Sie für die Belichtung Av/A.
2. Stellen Sie eine mittlere Blendenzahl ein, z. B. *f*11.
3. Stellen Sie einen ISO-Wert von 200 ein.
4. Kippen Sie die Kamera leicht nach hinten, sodass stürzende Linien entstehen.
5. Fokussieren Sie mit einem einzelnen Autofokusfeld auf das Gebäude.
6. Lösen Sie aus.

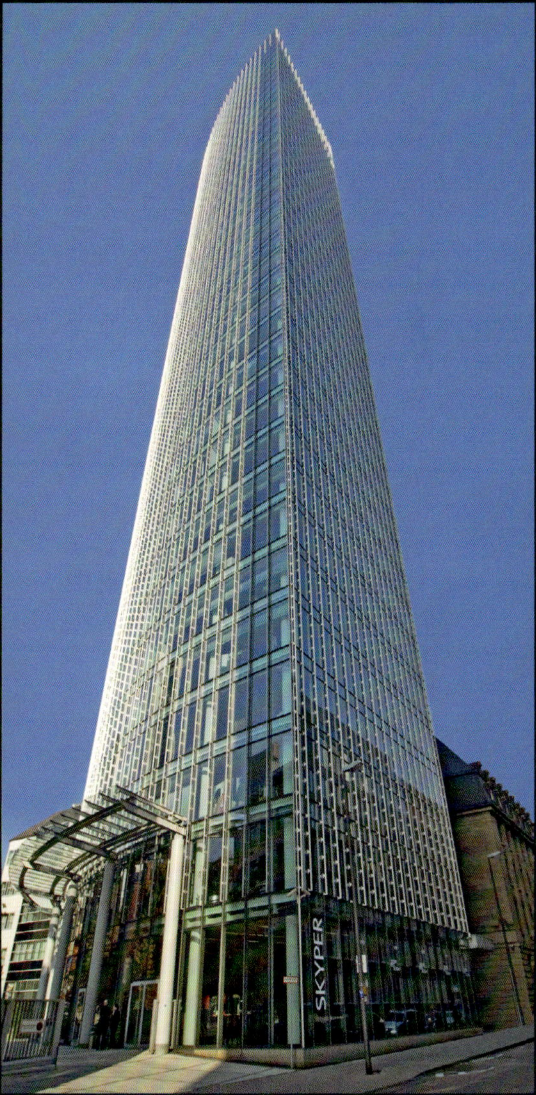

12 mm | f11 | 1/125 s | ISO 200

Weniger ist mehr

1 Die Idee des Bildes

Reduzieren Sie die Elemente, die auf Ihren Fotos zu sehen sind. Denn weniger ist oftmals mehr. Eine Vielzahl von Motivelementen im Foto dagegen kann den Betrachter schnell verwirren und die Bildaussage unklarer machen. Der Betrachter fragt sich, was der Fotograf ihm eigentlich zeigen wollte. Ein Beispiel für ein Foto mit nur einem einzigen Bildelement ist die Feder rechts im Bild. Sie hat keine Konkurrenzmotive, die mit ihr um die Aufmerksamkeit des Betrachters wetteifern. Auch der Hintergrund, der Sand, bringt Ruhe ins Bild. Um die feinen Strukturen der Feder stärker zur Geltung zu bringen, haben wir das Foto mit der internen Bildbearbeitung der Kamera – „Blautonung" – nachträglich farblich umgewandelt.

2 Sie brauchen

- z. B. Teleobjektiv 70–200 mm

3 Umsetzung

1. Wählen Sie für die Belichtung Av/A.
2. Stellen Sie eine kleine Blendenzahl ein, z. B. f5,6.
3. Stellen Sie einen ISO-Wert von 400 ein.
4. Fokussieren Sie mit einem einzelnen Autofokusfeld auf die Feder.
5. Lösen Sie aus.
6. Stellen Sie in der internen Bildbearbeitung Ihrer Kamera „Blautonung" ein und wandeln Sie das Bild in blau-getont um.

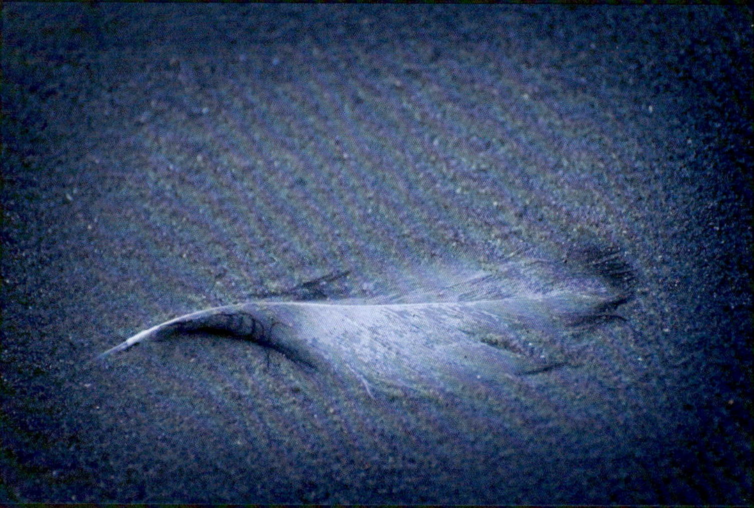

200 mm | f5,6 | 1/125 s | ISO 400

Symmetrie auch bei Vögeln

1 Die Idee des Bildes

Symmetrien gliedern das Bild und bringen Ruhe und Ordnung hinein. Wer aber denkt, dass Symmetrien nur bei Spiegelungen im Wasser oder spiegelsymmetrisch aufgebauten Gebäuden zu finden sind, liegt falsch. Oftmals findet man sie auch in Pflanzen oder mit etwas Glück sogar bei Tieren. Zugegeben, es war schon ein ziemlicher Zufall, dass diese beiden Reiher genau spiegelsymmetrisch zueinander auf der Baumkrone saßen. Doch wenn man so etwas wahrnimmt, heißt es zugreifen und fotografisch festhalten.

2 Sie brauchen

- z. B. Teleobjektiv 70–300 mm

3 Umsetzung

1. Wählen Sie für die Belichtung Av/A.
2. Stellen Sie eine mittlere Blendenzahl ein, z. B. *f*11.
3. Stellen Sie einen hohen ISO-Wert ein, z. B. ISO 400 oder höher, damit Sie eine so kurze Belichtungszeit erreichen, dass auf dem Foto keine Bewegungsunschärfe zu sehen ist. Aus Blendenwert und ISO-Wert sollte sich eine kurze Belichtungszeit von mindestens 1/200 s ergeben.
4. Fokussieren Sie mit einem einzelnen Autofokusfeld auf den vorderen Vogel.
5. Lösen Sie aus.

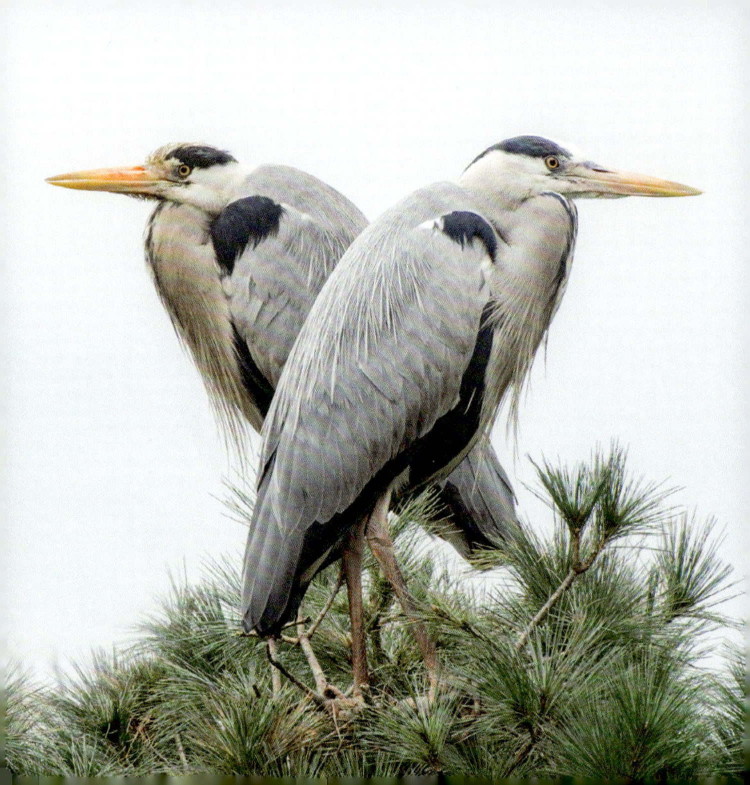

Spiegelung mit Wellenlinie

1 Die Idee des Bildes

Bei Spiegelungen denkt man oftmals an eine mehr oder weniger doppelte und fast originalgetreue Abbildung des Motivs. Halten Sie die Augen offen, denn in gebogenen oder gewellten spiegelnden Flächen kommt es zu herrlichen Verzerrungen. Man kennt diesen Effekt aus dem Spiegelkabinett auf der Kirmes. Die Autos, die sich auf dem Foto spiegeln, standen vor einer gewellten und stark spiegelnden Hausfront. Durch die Wellenform der Spiegelfläche waren die Abbildungen darauf verzerrt. Den Bildausschnitt haben wir bei der Aufnahme so gewählt, dass die gewellte Spiegelfront als solche ebenfalls gut erkennbar ist, da der Boden miteinbezogen wurde, um dem Betrachter des Bildes etwas Halt zu geben.

2 Sie brauchen

- z. B. Teleobjektiv 70–200 mm
- Stativ
- gewellte, spiegelnde Hausfront

3 Umsetzung

1. Wählen Sie für die Belichtung Av/A.
2. Stellen Sie eine mittlere Blendenzahl ein, z. B. *f*11.
3. Stellen Sie einen niedrigen ISO-Wert ein, z. B. 100.
4. Stellen Sie Ihre Kamera auf das Stativ und schalten Sie den Bildstabilisator aus.
5. Fokussieren Sie mit einem einzelnen Autofokusfeld auf die Spiegelung.
6. Lösen Sie aus.

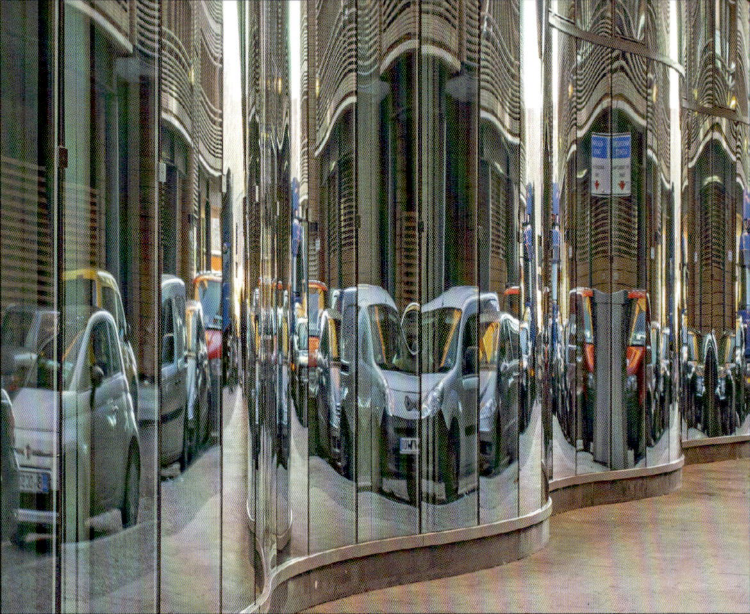

Schattenspiel

1 Die Idee des Bildes

Die Idee zur Bildgestaltung, ein Objekt zusammen mit seinen Schatten aufzunehmen, haben Sie sicher auch schon gehabt und auch umgesetzt. Eine Variante davon ist, das Foto so zu gestalten, dass der oder die Schatten dominieren und nicht das Schatten gebende Motiv im Mittelpunkt steht. Für das Schattenfoto rechts wurde ein erhöhter Aufnahmestandort eingenommen. Als Schatten gebendes Objekt ist nur das Fahrrad – und dieses auch nur sehr klein – im Bild zu sehen. Durch das Spiel von Licht und Schatten auf den Stufen scheint es, als stünde die Schattenperson unter einer Schattenpalme, wobei der Stamm in Wirklichkeit der Schatten eines Laternenpfahls ist, der auf die Schatten der Stufen trifft.

2 Sie brauchen

- z. B. Teleobjektiv 70–300 mm

3 Umsetzung

1. Wählen Sie für die Belichtung Av/A.
2. Stellen Sie eine mittlere Blendenzahl ein, z. B. *f*8.
3. Stellen Sie einen niedrigen ISO-Wert ein, z. B. 200.
4. Wählen Sie einen erhöhten Standpunkt, um eine bessere Sicht auf die Schatten zu haben.
5. Fokussieren Sie mit einem einzelnen Autofokusfeld.
6. Lösen Sie aus.

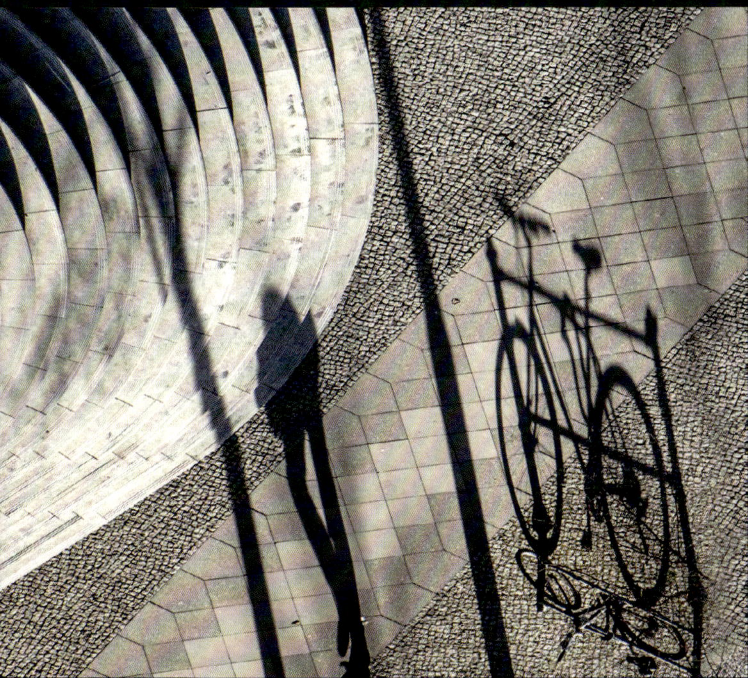

Goldener Schnitt und mehr

1 Die Idee des Bildes

Wie Sie im Kapitel „Gestalten beim Bildaufbau" gesehen haben, gibt es beim Goldenen Schnitt und bei der Drittelregel nicht nur einen, sondern vier Schnittpunkte im Bild. Um den Baum zu platzieren, haben wir hier den Schnittpunkt rechts unten gewählt. Betrachtet man das Bild genau, wird man sicher noch ein paar andere Bildgestaltungselemente erkennen: Die grüne Baumkrone kann man als „einen Punkt" interpretieren, der sofort ins Auge fällt, die „horizontalen Linien" bringen Ruhe ins Bild, und das Grün des Baumes gibt einen schönen Farbkontrast zu den rötlich-braunen Baumstämmen. Ein Bildgestaltungselement kommt eben selten allein.

2 Sie brauchen

- z. B. Teleobjektiv 70–300 mm

3 Umsetzung

1. Wählen Sie für die Belichtung Av/A.
2. Stellen Sie eine mittlere Blendenzahl ein, z. B. *f*8.
3. Bei ausreichend Licht stellen Sie einen niedrigen ISO-Wert ein, z. B. ISO 200.
4. Aus Blendenwert und ISO-Wert sollten Sie eine Belichtungszeit von etwa 1/200 s erreicht werden, mit der Sie Ihre Kamera mit Teleobjektiv gut aus der Hand halten können, ohne zu verwackeln.
5. Wählen Sie den Bildausschnitt so, dass der Baum genau auf dem Schnittpunkt der Drittellinien rechts unten liegt.
6. Fokussieren Sie mit einem einzelnen Autofokusfeld auf den Baum.
7. Lösen Sie aus.

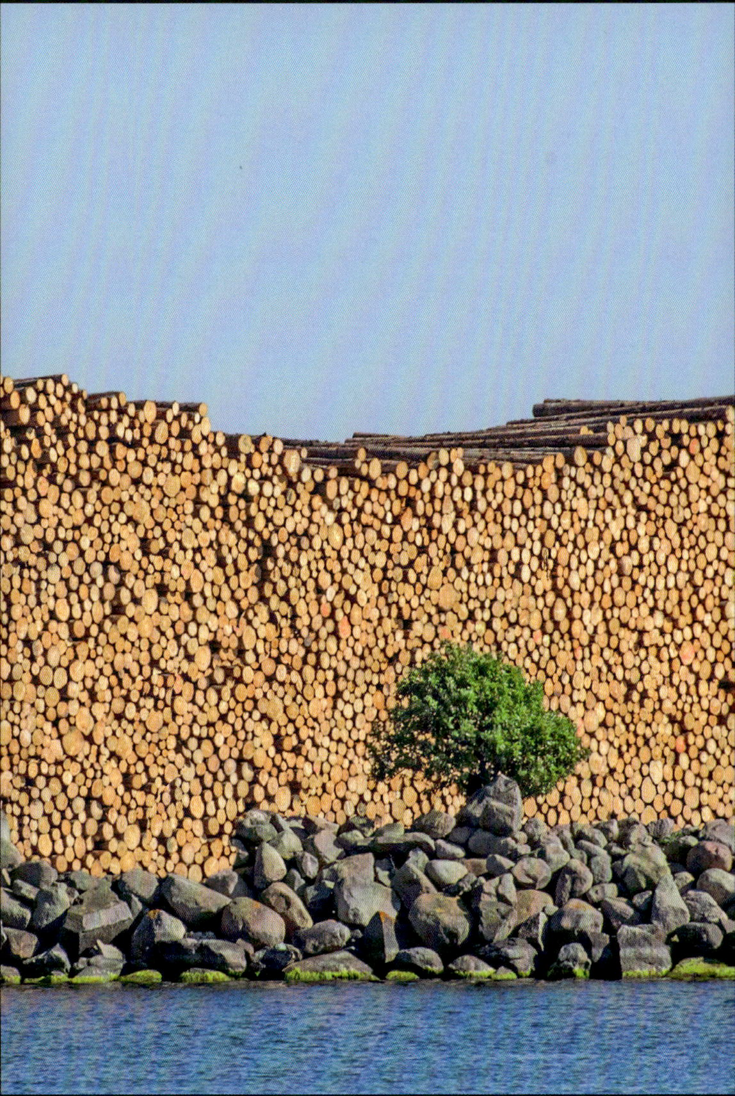

300 mm | f8 | 1/320 s | ISO 200

Motiv mal mittig setzen

1 Die Idee des Bildes

Natürlich können Sie Ihr Motiv auch mal mittig platzieren, wenn es sich anbietet. Bei einem quadratischen Motiv kann es interessant sein, wenn auch das Format des Bildes quadratisch ist. Besonders wenn es an allen Seiten die gleiche Bildinformation gibt und das Motiv so den Eindruck eines Rahmens erweckt. Die geschlossenen Fensterläden rechts werden nicht nur vom eigentlichen Fensterrahmen umschlossen, sondern auch von der ockergelben Hauswand umrahmt. Durch den nachträglich mit einem Bildbearbeitungsprogramm angelegten quadratischen Bildausschnitt wirkt die Hauswand wie ein zweiter Rahmen. Es lohnt durchaus, Motive auch mal mittig zu setzen. Probieren Sie es aus!

2 Sie brauchen

- z. B. Teleobjektiv 70–200 mm

3 Umsetzung

1. Wählen Sie für die Belichtung Av/A.
2. Stellen Sie eine mittlere Blendenzahl ein, z. B. ƒ8.
3. Wählen Sie einen niedrigen ISO-Wert, z. B. 100.
4. Fokussieren Sie mit einem einzelnen Autofokusfeld auf den Fensterladen.
5. Lösen Sie aus.

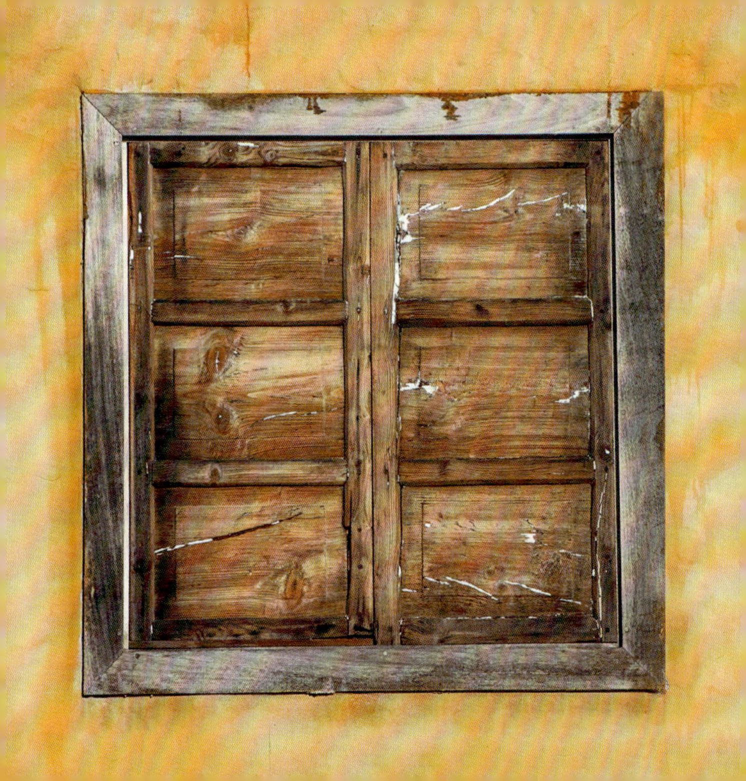

Fluchtpunkt im Zentrum des Bildes

1 Die Idee des Bildes

In diesem und im folgenden Workshop stellen wir Ihnen zwei Varianten zum Thema Fluchtpunkt vor. Im Foto rechts wurde der Bildausschnitt bei der Aufnahme so gewählt, dass die Flucht des Weges genau in die Mitte des Bildes hineinführt. Der Fluchtpunkt liegt innerhalb des Bildes. Er erzeugt sich eine starke Sogwirkung, Sie werden förmlich ins Bild hineingezogen, und das zweidimensionale Foto bekommt eine dritte Dimension dazu, nämlich Tiefe. Damit möglichst viel Schärfe im gesamten Bild ist, haben wir eine hohe Blendenzahl gewählt und im ersten Drittel des Bildes fokussiert (siehe „Schärfentiefe im Bild“).

2 Sie brauchen

- z. B. Weitwinkelobjektiv 18 mm
- Stativ

3 Umsetzung

1. Wählen Sie für die Belichtung Av/A.
2. Stellen Sie eine hohe Blendenzahl ein, z. B. *f*16.
3. Stellen Sie einen ISO-Wert von 200 ein.
4. Stellen Sie Ihre Kamera auf ein Stativ, da sich durch hohen Blendenwert und niedrige ISO-Wert eine relativ lange Belichtungszeit ergibt.
5. Schalten Sie den Bildstabilisator aus.
6. Fokussieren Sie mit einem einzelnen Autofokusfeld im ersten Drittel des Bildes.
7. Lösen Sie aus.

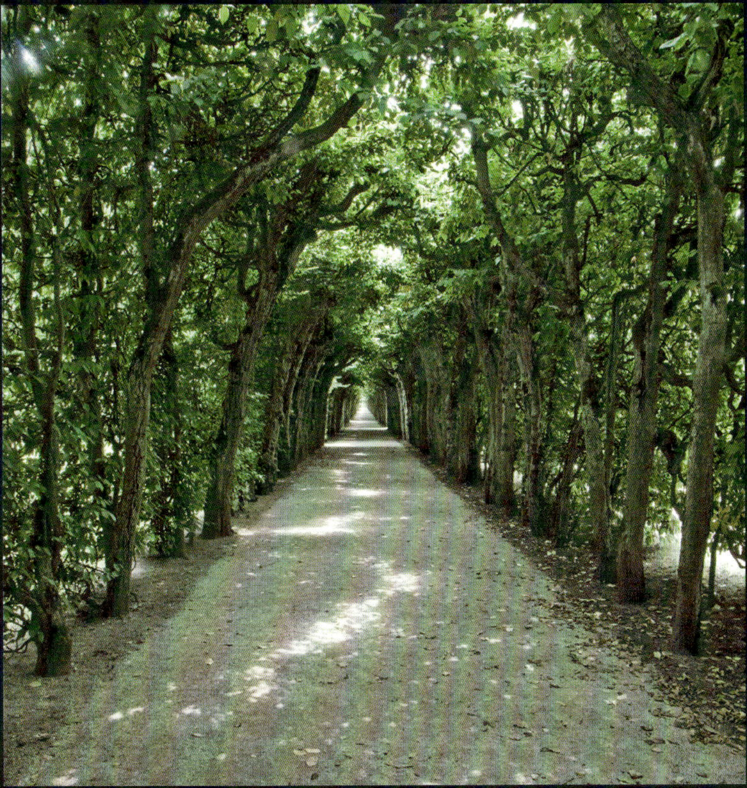

18 mm | f16 | 0,5 s | ISO 200

Fluchtpunkt außerhalb des Bildes

1 Die Idee des Bildes

Im Gegensatz zum vorherigen Workshop wurde hier der Bildausschnitt so gewählt, dass der Fluchtpunkt seitlich außerhalb des Bildes liegt. Die Sogwirkung ist nicht ganz so stark wie bei dem Bild des vorherigen Workshops. Wenn das Motiv es zulässt, versuchen Sie ruhig mal, den Fluchtpunkt an verschiedenen Stellen zu legen, und vergleichen Sie die Wirkung. Für diese Aufnahme bei einbrechender Dunkelheit wurde die Kamera übrigens wegen der langen Belichtungszeit auf ein Stativ gestellt. Ein kleiner Tipp: Um beim Auslösen nicht mit dem Finger an der Kamera zu wackeln, lösen Sie entweder mit dem Selbstauslöser Ihrer Kamera oder mit einem Fernauslöser aus.

2 Sie brauchen

- z. B. Weitwinkelobjektiv 18 mm
- Stativ
- Selbstauslöser in der Kamera oder Fernauslöser

3 Umsetzung

1. Wählen Sie für die Belichtung Av/A.
2. Stellen Sie eine mittlere Blendenzahl ein, z. B. *f*11.
3. Stellen Sie einen niedrigen ISO-Wert ein, z. B. 100 oder 200.
4. Stellen Sie Ihre Kamera auf das Stativ. Vergessen Sie nicht, den Bildstabilisator auszuschalten.
5. Fokussieren Sie mit einem einzelnen Autofokusfeld ins vordere Drittel des Bildes.
6. Stellen Sie den Selbstauslöser in Ihrer Kamera ein.
7. Lösen Sie aus.

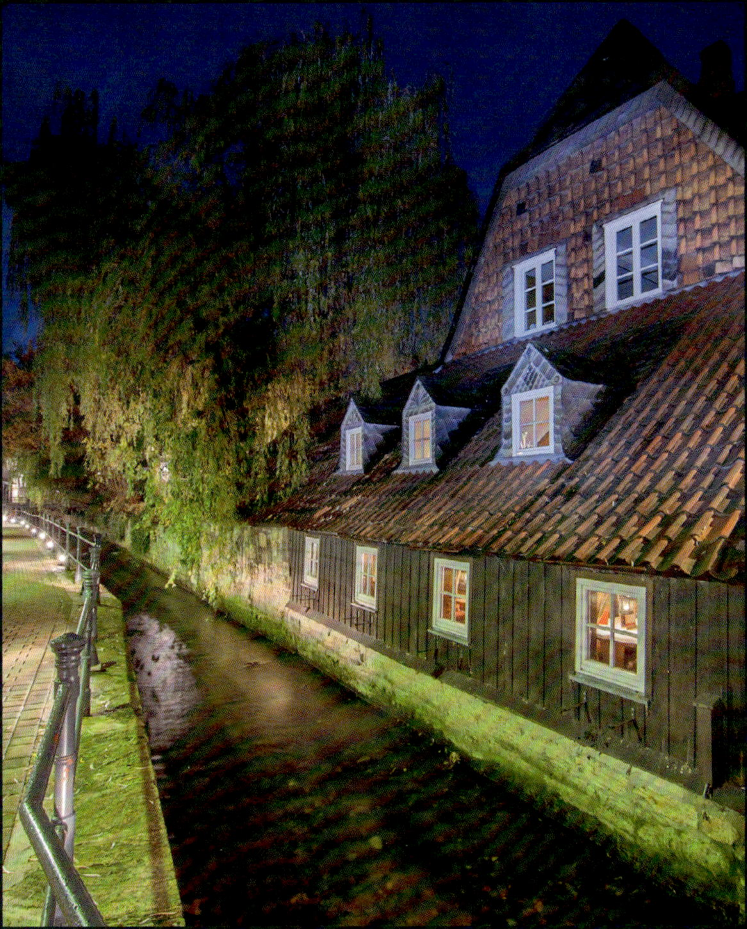

18 mm | f11 | 0,5 s | ISO 200

In Speirichtung mehr Platz lassen

1 Die Idee des Bildes

Für Motive, die in eine bestimmte Richtung schauen, laufen oder – wie in diesem Fall – speien, macht es sich bildgestalterisch gut, wenn Sie in Richtung der Bewegung, des Blickes oder des Wasserstrahls mehr Platz lassen. Denn Sie wissen ja, der Blick des Betrachters folgt dem Laufenden oder Blickenden und möchte wissen, wo es hingeht. Der cool wirkende Wasserspeier rechts im Bild wurde deshalb im Bildausschnitt weit rechts platziert, sodass der Wasserstrahl noch gut Raum in seiner Bewegungsrichtung hat. Wir haben darauf geachtet, dass der Wasserstrahl in etwa in der linken unteren Bildecke endet. Für den unscharfen Hintergrund wurde mit kleiner Blendenzahl fotografiert und dabei nahe an das Motiv herangegangen (siehe „Mit der Kamera gestalten: Selektive Schärfentiefe").

2 Sie brauchen

- z. B. Teleobjektiv 70–200 mm

3 Umsetzung

1. Wählen Sie für die Belichtung Av/A.
2. Stellen Sie eine kleine Blendenzahl ein, z. B. ƒ5,6.
3. Bei ausreichend Licht stellen Sie einen niedrigen ISO-Wert ein, z. B. ISO 200.
4. Fokussieren Sie mit einem einzelnen Autofokusfeld auf den Kopf des Wasserspeiers.
5. Lösen Sie aus.

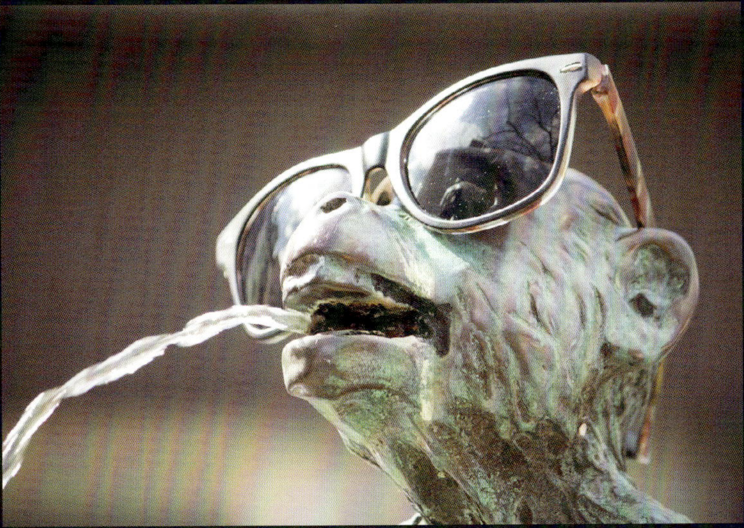

150 mm | f5,6 | 1/200 s | ISO 200

Beherzt anschneiden

1 Die Idee des Bildes

Haben Sie den Mut, Ihr Motiv auf dem Foto einmal richtig anzuschneiden. Also nicht so, dass es aussieht, als wäre es unbeabsichtigt geschehen und als hätten Sie beim Fotografieren nicht aufgepasst, sondern so stark, dass es auch beabsichtigt wirkt. Angeschnittene Motive können den Betrachter verwirren und zum genauen Hinschauen anregen. So wie das Bild der kräftig angeschnittenen Möwe. Hier könnten einige Betrachter zunächst auf eine Taube tippen. Nur die Schwimmhäute zwischen den Zehen geben Aufschluss über die wahre Identität des Motivs. Bei statischen Objekten fällt der bildgestalterische Anschnitt während des Fotografierens recht leicht, doch bei sich bewegenden Motiven sind einige Fehlversuche fast schon programmiert.

2 Sie brauchen

- z. B. Teleobjektiv 70–300 mm

3 Umsetzung

1. Wählen Sie für die Belichtung Av/A.
2. Stellen Sie eine kleine Blendenzahl ein, z. B. $f5,6$.
3. Stellen Sie einen hohen ISO-Wert ein, z. B. 400 oder noch höher. Die Belichtungszeit, die aus Blendenwert und ISO-Wert resultiert, sollte mindestens 1/1000 s betragen.
4. Fokussieren Sie mit einem einzelnen Autofokusfeld auf die Möwe.
5. Lösen Sie aus, wenn die Möwe schon fast wieder aus dem Bild herausgeflogen ist.

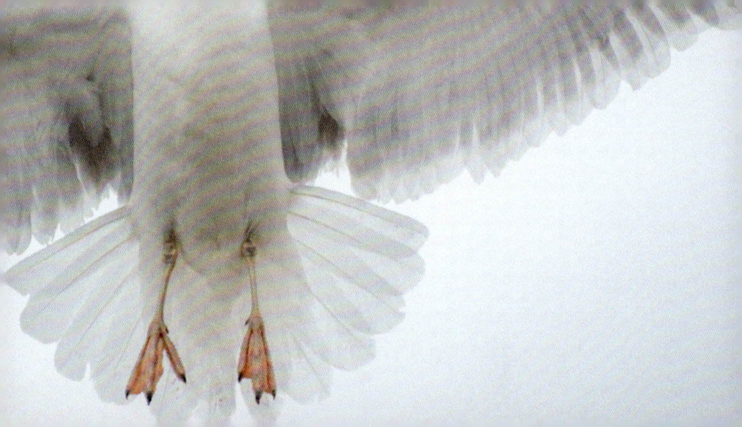

Kreis oder gebogene Linien im Sand?

1 Die Idee des Bildes

Wenn Sie das Bild rechts jemanden beschreiben sollten, würden Sie wahrscheinlich sagen, dass es sich um einen Kreis handelt, der mittels eines langen Grashalms in den Sand gemalt wurde. Oder würden Sie von einigen gebogene Linien im Sand sprechen? Gemäß dem Gesetz der guten Gestalt (Prägnanzgesetz), das die Gestaltpsychologen in den 20 Jahren des letzten Jahrhunderts formulierten, neigt unser Gehirn dazu, Dinge in ihrer einfachsten Form zu sehen, und zwar auch dann, wenn z. B. der Kreis oder das Rechteck nicht vollendet ist. Vielleicht war auch Ihre Wahrnehmung dem Sandbild einen Schritt voraus und hat Ihnen gesagt, dass auf dem Bild ein Kreis zu sehen ist, obwohl der Kreis noch nicht geschlossen ist.

2 Sie brauchen

- z. B. Teleobjektiv 150 mm Makro

3 Umsetzung

1. Wählen Sie für die Belichtung Av/A.
2. Stellen Sie eine mittlere Blendenzahl ein, z. B. *f*8.
3. Stellen Sie einen niedrigen ISO-Wert von 200 ein.
4. Fokussieren Sie mit einem einzelnen Autofokusfeld auf die Mitte des Sandbildes.
5. Lösen Sie aus.

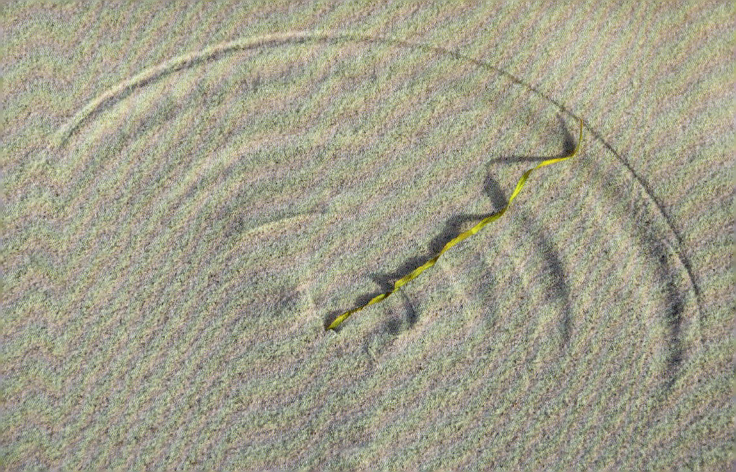

Hebt sich ab: rotes Motiv auf schwarzem Grund

1 Die Idee des Bildes

Um bei der Sprache der Gestaltpsychologen zu bleiben: Bei dem Foto rechts besteht eine klare Figur-Grund-Beziehung. Soll heißen, dass es dem Betrachter des Bildes ohne Mühe möglich ist, das Motiv, nämlich die Blüte eines Dickblattgewächses, auf dem fast schwarzen Lavaboden zu erkennen. Motiv und Hintergrund unterscheiden sich in Farbe, Oberflächenstruktur und Material. Das macht es für den Betrachter einfach. Versuchen Sie beim Fotografieren immer darauf zu achten, dass Ihr Motiv nicht in einem verwirrenden Hintergrund verschwindet, es sein denn, Sie beabsichtigen damit etwas Bestimmtes beim Betrachter. Denn Ausnahmen von der Regel gibt es immer.

2 Sie brauchen

- z. B. Makroobjektiv 70 mm

3 Umsetzung

1. Wählen Sie für die Belichtung Av/A.
2. Stellen Sie eine mittlere Blendenzahl ein, z. B. *f*8.
3. Stellen Sie einen mittleren ISO-Wert ein, z. B. 400.
4. Fokussieren Sie mit einem einzelnen Autofokusfeld auf die Blume.
5. Lösen Sie aus.

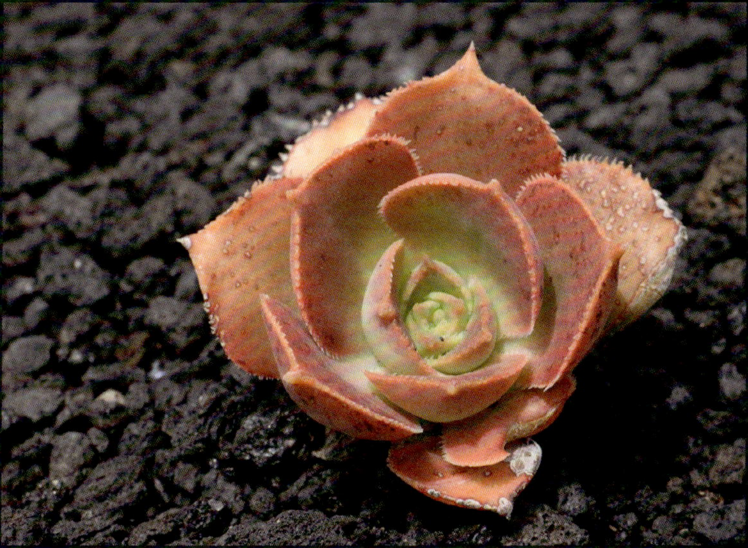

Makro 70 mm | f8 | 1/100 s | ISO 400

Was zusammengehört

1 Die Idee des Bildes

Und noch einmal die Gesetze der Gestaltpsychologie. Was nahe beieinandersteht oder sich in Form, Farbe, Größe oder Bewegungsrichtung ähnelt, wird als zusammengehörend wahrgenommen. Je größer die Nähe oder die Ähnlichkeit, desto stärker die Gruppierungstendenz. Sie können dies im Bild rechts direkt überprüfen. Die beiden ins Balzen vertieften Möwen sind völlig synchronisiert in ihrer Bewegung und sehen auch ziemlich gleich aus, da sich männliche und weibliche Tiere bei Silbermöwen äußerlich nicht unterscheiden. Man sieht auf den ersten Blick, dass diese beiden momentan zusammengehören. Die dritte Möwe steht etwas abseits, und ihre Körperhaltung ist auch eine andere. Für den Betrachter gehört sie im Moment einfach nicht zu dem Duett dazu.

2 Sie brauchen

- z. B. Teleobjektiv 70–300 mm

3 Umsetzung

1. Wählen Sie für die Belichtung Av/A.
2. Stellen Sie eine mittlere Blendenzahl ein, z. B. *f*11.
3. Stellen Sie einen ISO-Wert von 400 ein.
4. Die aus dem Blendenwert und dem ISO-Wert resultierende Belichtungszeit sollte mindestens 1/400 s kurz sein.
5. Fokussieren Sie mit einem einzelnen Autofokusfeld auf die vordere Möwe.
6. Lösen Sie aus.

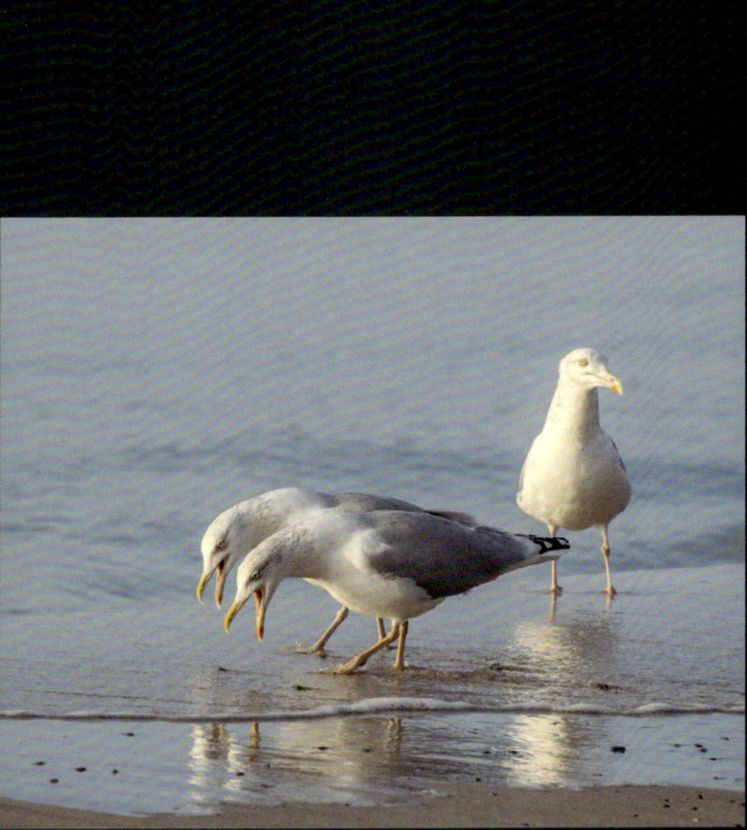

Ist der aber lang ...

1 Die Idee des Bildes

Die meisten Fotos werden im Querformat gemacht. Oftmals einfach so, ohne sich Gedanken zu machen, ob sich das Querformat für das Motiv besonders gut eignet. Ein schönes Beispiel dafür, wie das Querformat den Bildinhalt unterstützen kann, ist dieses Foto eines scheinbar zu lang geratenen Jungen. Aber keine Angst, der Junge ist gar nicht so groß, wie man denken könnte. Die blaue Hose und die Schuhe links sind einfach an die Röhre angelegt. Der Junge ist normal groß und liegt rechts in der Röhre. Das Foto wurde im Nachhinein in seiner Höhe leicht beschnitten, sodass das Querformat noch schmaler und der Junge noch etwas länger wirkt.

2 Sie brauchen

- z. B. Normalobjektiv 50 mm
- Spielschlauch

3 Umsetzung

1. Wählen Sie für die Belichtung Av/A.
2. Stellen Sie eine mittlere Blendenzahl ein, z. B. *f*8.
3. Stellen Sie einen niedrigen ISO-Wert ein, z. B. 200.
4. Fokussieren Sie mit einem einzelnen Autofokusfeld auf den Spielschlauch.
5. Lösen Sie aus.

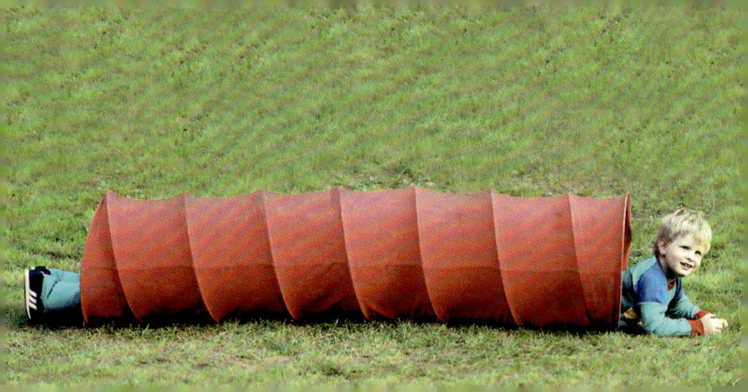

Hoch hinaus mit Hochformat

1 Die Idee des Bildes

Für fast jeden ist das Fotografieren im Hochformat etwas gewöhnungsbedürftig. Man verrenkt sich halb, hält die Kamera bei wenig Übung schnell schief und findet dann nicht die Knöpfe und Tasten, die man sonst fast schon im Schlaf findet. Doch es lohnt sich, das Hochformat auszuprobieren und in die Fotoroutine mitaufzunehmen. Denn das Motiv entscheidet über das Format und nicht umgekehrt. Das Hochformat wirkt auch beim Betrachten des Fotos zunächst ungewohnt, da das Querformat mehr unserer natürlichen Sehweise entspricht. Gleichzeitig ist es aber auch sehr dynamisch. Das Foto rechts haben wir im Hochformat aufgenommen und anschließend etwas stärker zum sehr schmalen Hochformat beschnitten. Dadurch entsteht noch mehr der Eindruck, als würde man mit den Luftballons hoch hinaus in den Himmel fliegen.

2 Sie brauchen

- z. B. Teleobjektiv 70–200 mm

3 Umsetzung

1. Wählen Sie für die Belichtung Av/A.
2. Stellen Sie eine mittlere Blendenzahl ein, z. B. *f*11.
3. Stellen Sie einen hohen ISO-Wert ein, z. B. 800. Die Belichtungszeit, die aus Blendenwert und ISO-Wert resultiert, sollte mindestens 1/1000 s betragen; damit sollten die Luftballons bewegungsfrei abgebildet werden.
4. Fokussieren Sie mit einem einzelnen Autofokusfeld auf einen der Luftballons.
5. Lösen Sie aus.

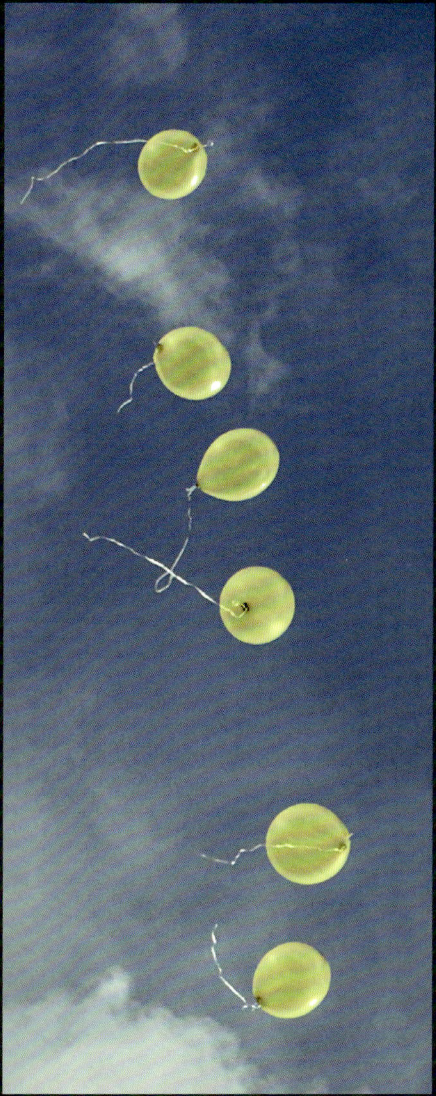

100 mm | f8 | 1/2000 s | ISO 800

Quadratisch, praktisch ... rund

1 Die Idee des Bildes

Das quadratische Bildformat wirkt ausgeglichen und stabil. Leider kann man es bei den meisten Kameras nicht als Aufnahmeformat einstellen, sodass Sie es im Nachhinein am Computer zuschneiden müssen. Doch wenn Sie auf den Geschmack gekommen sind, kann es sein, dass das Quadrat zu Ihrem Lieblingsformat wird. Suchen Sie gezielt Motive, die in dieses Format passen, beispielsweise runde und kompakte wie diese runde, stachelige Samenkapsel rechts im Foto.

2 Sie brauchen

- z. B. Makroobjektiv 150 mm
- evtl. Decke zum Draufknien

3 Umsetzung

1. Wählen Sie für die Belichtung Av/A.
2. Stellen Sie eine mittlere Blendenzahl ein, z. B. *f*11.
3. Stellen Sie einen hohen ISO-Wert ein, z. B. 400.
4. Falls sich die Samenkapsel in Bodennähe befindet, knien oder setzen Sie sich auf die mitgebrachte Decke.
5. Achten Sie darauf, dass der Hintergrund möglichst weit vom Motiv entfernt ist, damit er auch bei einer mittleren Blendenzahl unscharf wird.
6. Fokussieren Sie mit einem einzelnen Autofokusfeld auf die Samenkapsel.
7. Lösen Sie aus.

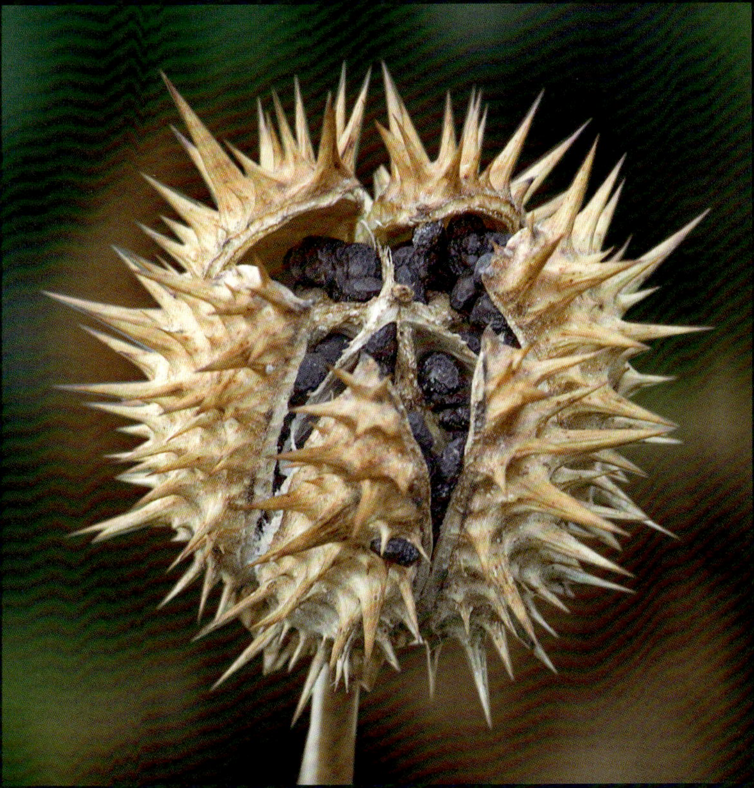

Makro 150 mm | f11 | 1/250 s | ISO 400

Vorsicht, schräg!

1 Die Idee des Bildes

Eine der einfachsten Möglichkeiten, mit der Kamera Fotos zu gestalten, ist, die Kamera einfach mal schräg zu halten. Aber nicht nur leicht, sodass es hinterher auf dem Foto wirkt, als wäre es aus Versehen geschehen, sondern richtig schräg. Ob am Meer, wenn einem das Wasser aus dem Bild herausläuft, oder in anderen Situationen: Haben Sie den Mut, die Kamera schräg zu halten. Es können dadurch sehr humorvolle Bilder entstehen, wie bei diesem Verkehrsschild, welches davor warnt, dass man das Ende der Mole erreicht hat und man sein Auto vor ungewolltem Wegrollen sichern sollte. So ist aus einem simplen Verkehrsschild ein lustiges Foto entstanden – durch einfaches Schräghalten der Kamera.

2 Sie brauchen

- z. B. Teleobjektiv 70–300 mm

3 Umsetzung

1. Wählen Sie für die Belichtung Av/A.
2. Stellen Sie eine mittlere Blendenzahl ein, z. B. *f*8.
3. Stellen Sie bei guten Lichtverhältnissen einen niedrigen ISO-Wert ein, z. B. 200. Die Belichtungszeit, die aus Blendenwert und ISO-Wert resultiert, sollte mindestens 1/250 s betragen.
4. Halten Sie die Kamera sehr schräg.
5. Fokussieren Sie mit einem einzelnen Autofokusfeld auf das Verkehrsschild.
6. Lösen Sie aus.

200 mm | ƒ8 | 1/250 s | ISO 200

Weg von der Schärfe

1 Die Idee des Bildes

Die gelben Lichtreflexe sehen aus, als würden viele kleine Sternchen fallen. Doch sind es in Wirklichkeit drei große Sterne auf dem Weihnachtsmarkt, die am Schärfering des Objektivs auf „unscharf" gedreht hier langsam ihre Gestalt auflösen. Neben der Unschärfe, die durch das Verdrehen des Schärferings entstanden ist, trägt auch die nach hinten abnehmende Schärfentiefe zu dem Unschärfeeffekt bei. Am Schärfering auf Unschärfe zu drehen ist ein eher selten angewandtes Bildgestaltungsmittel. Dazu müssen Sie den Autofokus („AF") an Ihrer Kamera ausschalten und auf „MF" (manuell fokussieren) umstellen. Falls Sie ein Zoomobjektiv an Ihrer Kamera haben, achten Sie darauf, dass Sie am „richtigen" Ring drehen, nämlich am „Schärfering" und nicht am Brennweitenring.

2 Sie brauchen

- z. B. Teleobjektiv 70–200 mm
- Stativ

3 Umsetzung

1. Wählen Sie für die Belichtung Av/A.
2. Stellen Sie eine kleine Blendenzahl ein, z. B. ƒ5,6.
3. Wählen Sie einen hohen ISO-Wert, z. B. ISO 100.
4. Stellen Sie Ihre Kamera auf ein Stativ und schalten Sie den Bildstabilisator aus.
5. Fokussieren Sie zunächst auf den Stern und stellen Sie dann am Objektiv von „AF" auf „MF" um.
6. Nun drehen Sie am Schärfering des Objektivs den Stern sehr unscharf.
7. Lösen Sie aus.

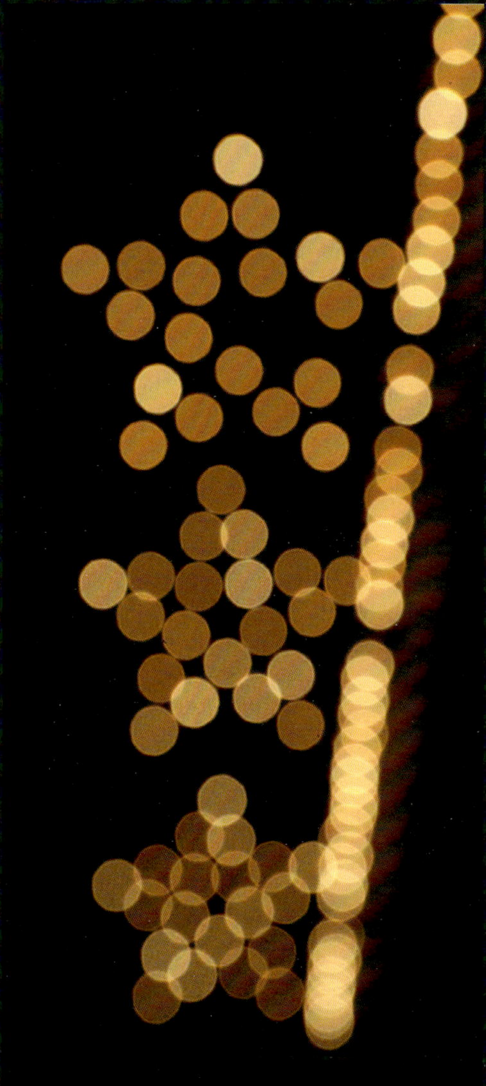

200 mm | f5,6 | 1/20 s | ISO 100

Länger belichten zeigt Bewegung

1 Die Idee des Bildes

Um die Bewegung der Mühlenflügel als verwischte Bewegung darzustellen, brauchen Sie eine lange Belichtungszeit. Wenn Sie bei Sonne mit der Zeitvorwahl TV/S eine lange Belichtungszeit einstellen, kann es sein, dass die automatisch durch die Kamera geschlossene Blende noch zu viel Licht durchlässt und Ihr Foto zu hell wird. Bleiben Sie bei der Blendenvorwahl. Schließen Sie die Blende so weit wie möglich und stellen Sie den ISO-Wert möglichst niedrig ein. Wenn Sie mit der Darstellung der Bewegung nicht zufrieden sind, da die Zeit noch zu kurz war, um die Bewegung gut darzustellen, sorgen Sie mit einem Graufilter für weniger Licht und eine längere Belichtungszeit (siehe „Nützliche Filter"). Bei starken Graufiltern können Sie die Belichtungszeit verkürzen, indem Sie eine kleinere Blendenzahl einstellen, damit die Belichtung nicht so lange dauert, dass die Windmühlenflügel auf dem Foto fast verschwunden sind.

2 Sie brauchen

- z. B. Weitwinkelobjektiv 12 mm
- Stativ
- Graufilter

3 Umsetzung

1. Wählen Sie für die Belichtung Av/A.
2. Stellen Sie die höchste Blendenzahl ein.
3. Stellen Sie einen ISO-Wert von 100 oder 200 ein.
4. Stellen Sie die Kamera auf ein Stativ und schalten den Bildstabilisator aus.
5. Fokussieren Sie mit einem einzelnen Autofokusfeld.
6. Lösen Sie aus.
7. Sollte die Belichtungszeit zu kurz sein, schrauben Sie einen Graufilter vor das Objektiv und lösen Sie erneut aus.

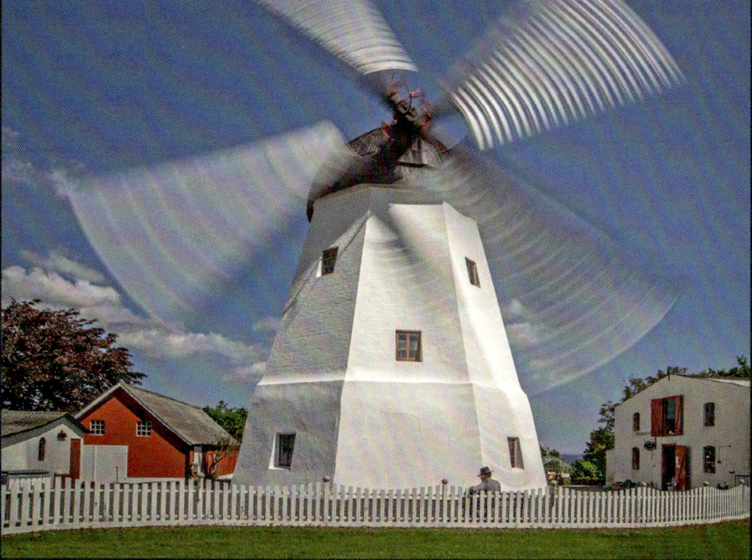

12 mm | ƒ11 | 1 s | ISO 200 | Graufilter ND 8

Belichtungszeit ganz kurz

1 Die Idee des Bildes

Wenn Sie im Gegensatz zu dem vorherigen Workshop Bewegung „einfrieren", also so darstellen wollen, dass alles im Bild erstarrt wirkt, benötigen Sie eine kurze Belichtungszeit. Wir kurz die sein muss, richtet sich nach der Geschwindigkeit der Bewegung. Bei Wellen muss die Belichtungszeit schon sehr kurz sein. Dafür müssen Sie vielleicht sogar den ISO-Wert trotz Sonnenscheins recht hoch einstellen.

2 Sie brauchen

- z. B. Teleobjektiv 70–200 mm

3 Umsetzung

1. Wählen Sie für die Belichtung Av/A.
2. Stellen Sie eine mittlere Blendenzahl ein, z. B. ƒ8.
3. Stellen Sie einen hohen ISO-Wert ein, z. B. 800. Die aus Blendenwert und ISO-Wert resultierende Belichtungszeit sollte mindestens 1/2000 s oder kürzer sein.
4. Schalten Sie „Reihen-" bzw. „Serienbildaufnahme" in Ihrer Kamera ein.
5. Wählen Sie AF-C/AI-Servo (siehe „Autofokusmodi").
6. Fokussieren Sie mit einem einzelnen Autofokusfeld auf die einlaufende Welle.
7. Lösen Sie aus.

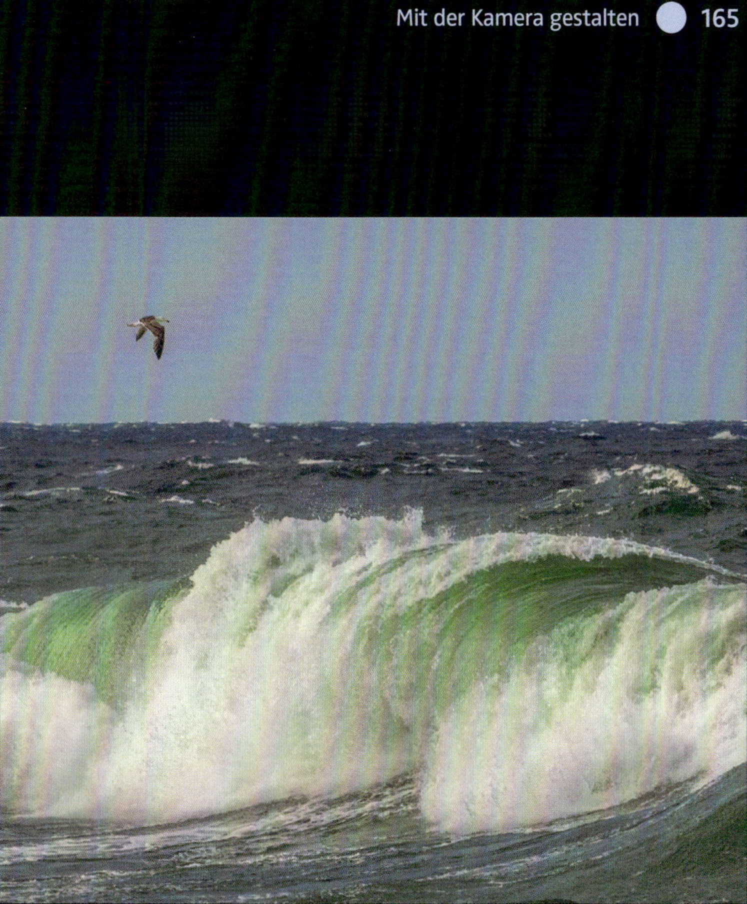

Schärfe gezielt legen

1 Die Idee des Bildes

Räumliche Tiefe können Sie auf einem Foto erzeugen, wenn Sie das Bild so aufnehmen, dass der Vordergrund unscharf, das Motiv scharf und der Hintergrund dann wieder unscharf ist. Sie lenken dabei den Blick des Betrachters, der im Bildbeispiel rechts auf der Heuschrecke liegen bleibt. Um die Schärfentiefe präzise platzieren zu können, sollten Sie – wie bei dieser Makroaufnahme – ein Stativ benutzen. Denn im Makrobereich ist der Schärfebereich sehr klein, und man verschiebt ungewollt schnell den Schärfebereich beim Fotografieren aus freier Hand. Das verhindern Sie mit dem Stativ. So können Sie in Ruhe die Schärfe gezielt dorthin legen, wohin Sie möchten.

2 Sie brauchen

- z. B. Makroobjektiv 150 mm
- Stativ

3 Umsetzung

1. Wählen Sie für die Belichtung Av/A.
2. Stellen Sie eine mittlere Blendenzahl ein, z. B. *f*8.
3. Stellen Sie einen niedrigen ISO-Wert ein, z. B. 200.
4. Stellen Sie Ihre Kamera auf das Stativ.
5. Fokussieren Sie mit einem einzelnen Autofokusfeld auf den Kopf der Heuschrecke.
6. Lösen Sie aus.

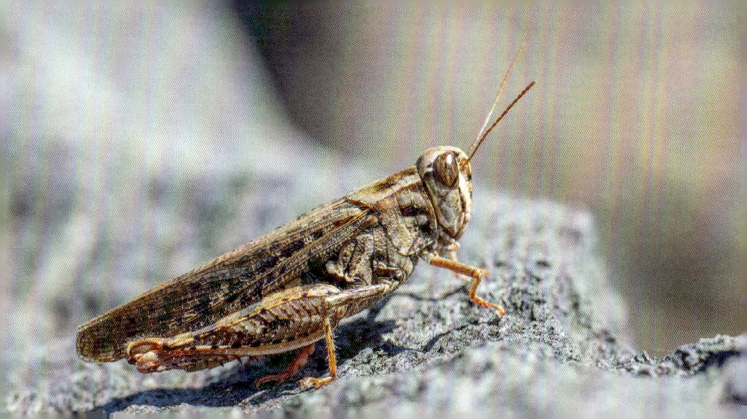

Unschärfe durch Zoomen

1 Die Idee des Bildes

Falls Sie ein Zoomobjektiv besitzen, sollten Sie diese Möglichkeit der Bildgestaltung unbedingt ausprobieren. Am besten vom Stativ aus, damit Sie die Kamera nicht verreißen. Denn Sie benötigen eine etwas längere Belichtungszeit, während der Sie am Brennweitenring Ihrer Kamera drehen und so während der Belichtung die Brennweite verändern. Das Ergebnis ist ein dynamisches Foto, mit Strahlen, die explosionsartig zu den Bildkanten streben. Wie stark der Effekt ist, hängt von der Geschwindigkeit ab, mit der Sie den Brennweitenring drehen, und davon, wie groß der Brennweitenbereich ist, den Sie während der Belichtung verändern. Sollten Sie bei den ersten Fotos keinen Effekt sehen, sondern das Foto nur leicht unscharf wirken, kann es sein, dass Sie am Schärfering anstelle des Brennweitenrings gedreht haben. Sollten Ihre Fotos zu hell werden, verkürzen Sie die Belichtungszeit etwas oder warten Sie bis zur Dämmerung und machen Sie das Foto dann.

2 Sie brauchen

- z. B. Teleobjektiv 70–300 mm
- Stativ

3 Umsetzung

1. Wählen Sie für die Belichtung TV/S.
2. Stellen Sie eine Belichtungszeit von 0,5 s ein.
3. Stellen Sie einen niedrigen ISO-Wert ein, z. B. 100 oder 200.
4. Stellen Sie Ihre Kamera auf das Stativ.
5. Fokussieren Sie mit einem einzelnen Autofokusfeld.
6. Lösen Sie aus und drehen Sie dabei gleichzeitig am Brennweitenring.

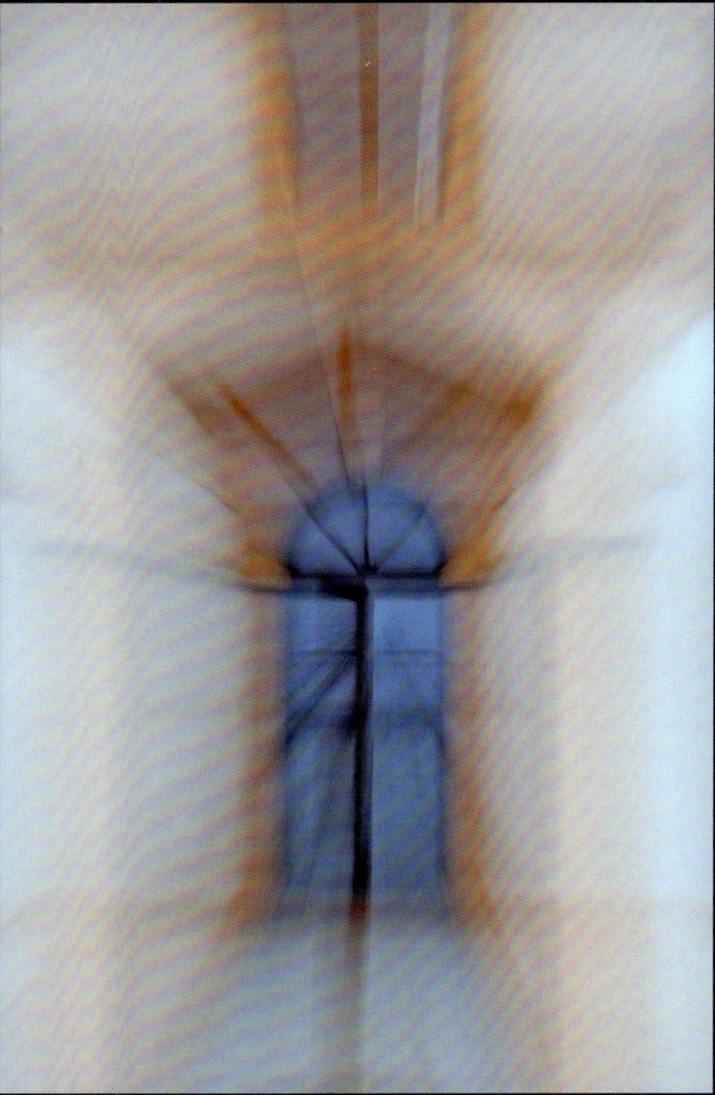

220 mm | f18 | 0,5 s | ISO 100

Felsenkrabbe mit Bokeh

1 Die Idee des Bildes

Völlig entspannt scheint die Felsenkrabbe hier auf das Glitzern des Meeres zu schauen. Ein Foto, das zum Mitträumen einlädt. Die Unschärfeflecken tragen entscheidend zur Stimmung des Bildes bei. Sie konnten entstehen, da die Sonne auf der Wasseroberfläche und den nassen Felsen Spritzlichter entstehen ließ. Da auf die Felsenkrabbe mit mittlerem Blendenwert fokussiert wurde und das Wasser und die Felsen etwas weiter entfernt waren, lagen die glitzernden Spritzlichter außerhalb der Schärfeebene und wurden auf dem Foto als Unschärfekreise abgebildet. Je nach Blendenform werden solche Kreise eher rund oder eher eckig abgebildet. Oftmals spricht man bei diesen Unschärfebereichen auch vom „Bokeh". Die Unschärfekreise geben dem Bild Tiefe und unterstreichen die verträumte Stimmung dieses Meeresfotos.

2 Sie brauchen

- z. B. Teleobjektiv 70–300 mm
- Sonnenschein auf der Meeresoberfläche

3 Umsetzung

1. Wählen Sie für die Belichtung Av/A.
2. Stellen Sie eine mittlere Blendenzahl ein, z. B. *f*8.
3. Fokussieren Sie mit einem einzelnen Autofokusfeld auf die Krabbe.
4. Lösen Sie aus.

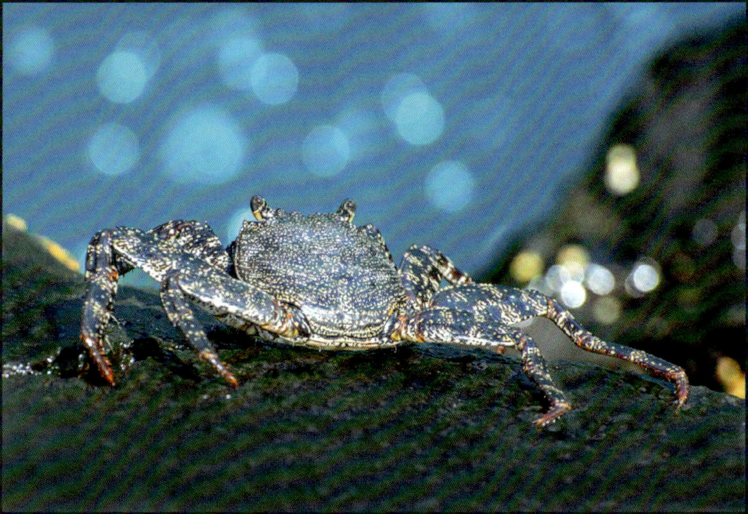

300 mm | f8 | 1/400 s | ISO 400

Schleudergang

1 Die Idee des Bildes

Nicht ganz so schnell wie der Schleudergang einer Waschmaschine, aber doch beherzt wurde die Kamera während der Belichtungszeit vom Querformat ins Hochformat gedreht. Ein schönes Bildgestaltungselement, um Bewegung in eine ansonsten sehr statische Aufnahme zu bringen. Wichtig ist dabei eine längere Belichtungszeit, die einem ausreichend Zeit gibt, die Kamera zu verdrehen. Beim Drehen sollten Sie darauf achten, die Kamera nicht zu verreißen, dann geht der „Schleudereffekt" etwas verloren.

2 Sie brauchen

- z. B. Teleobjektiv 70–200 mm

3 Umsetzung

1. Wählen Sie für die Belichtung TV/S.
2. Stellen Sie eine Belichtungszeit von etwa 1/10 s ein.
3. Stellen Sie einen niedrigen ISO-Wert ein, z. B. ISO 200.
4. Fokussieren Sie mit einem einzelnen Autofokusfeld auf den Mann.
5. Lösen Sie aus und drehen Sie dabei die Kamera vom Querformat ins Hochformat.

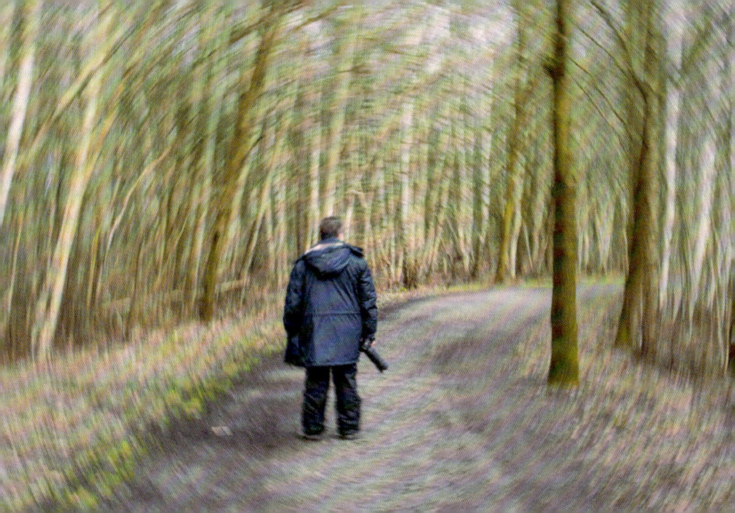

Kamera leicht kippen

1 Die Idee des Bildes

Unschärfe als Bildgestaltungselement hat viele Gesichter. Nachdem Sie im vorherigen Workshop Ihre Kamera während der Aufnahme leicht gedreht haben, probieren Sie nun einmal, sie während des Belichtens nach oben zu kippen. Dazu genügt eine leichte Bewegung aus dem Handgelenk heraus. Was Sie aber unbedingt brauchen, ist eine ausreichend lange Belichtungszeit, die Ihnen Zeit für diese Bewegung lässt.

2 Sie brauchen

- z. B. Teleobjektiv 70–300 mm

3 Umsetzung

1. Wählen Sie für die Belichtung TV/S.
2. Stellen Sie eine Belichtungszeit von etwa 1/10 s ein.
3. Stellen Sie einen niedrigen ISO-Wert ein, z. B. ISO 200.
4. Fokussieren Sie mit einem einzelnen Autofokusfeld auf einen der Bäume.
5. Lösen Sie aus und kippen Sie während des Belichtens die Kamera aus dem Handgelenk heraus leicht nach oben.
6. Kontrollieren Sie das Ergebnis. Manchmal muss man ein paar Mal üben, bevor das gewünschte Ergebnis erreicht ist, denn es ist ungewohnt, die Kamera während der Aufnahme zu bewegen.
7. Kontrollieren Sie, ob die Belichtung des Motivs in Ordnung ist. Korrigieren Sie ggf. mit der Taste +/– und lösen Sie noch einmal aus, wie oben beschrieben.

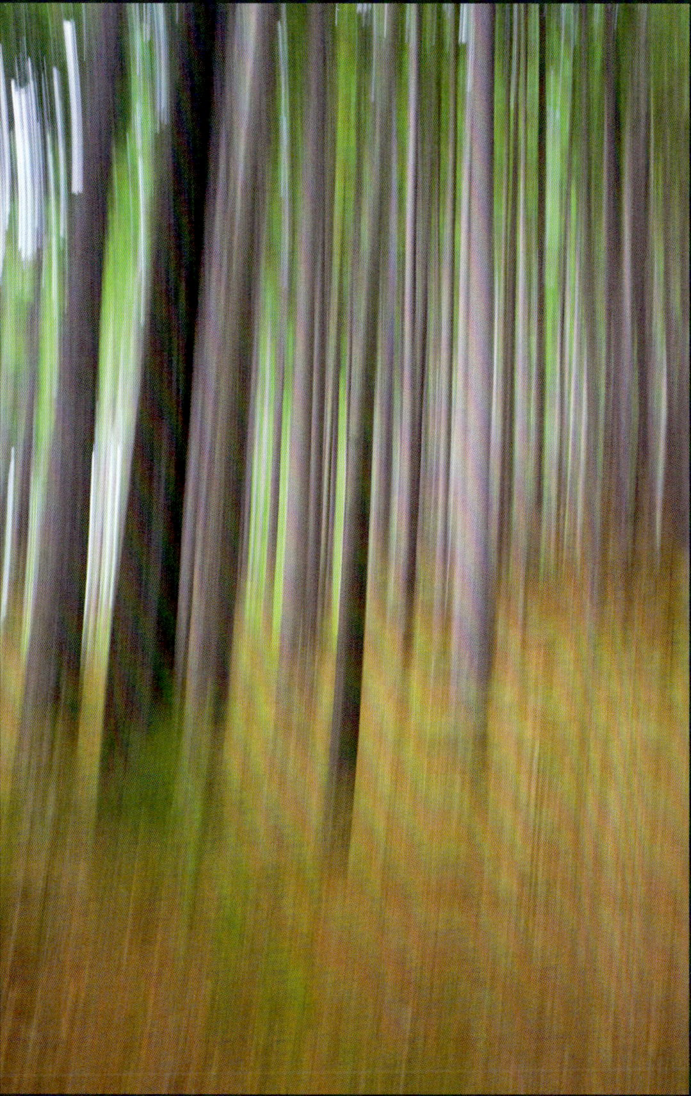

50 mm | f16 | 1/10 s | ISO 200

Schnelle Fahrt durch Mitziehen der Kamera

1 Die Idee des Bildes

Sie haben bereits einige Möglichkeiten kennengelernt, wie Sie mit einer langen Belichtungszeit Ihre Fotos mal anders gestalten können. Für ein sehr dynamisches Foto von einem vorbeifahrenden Motorrad versuchen Sie bei einer Belichtungszeit von ca. 1/60 s die Kamera in Bewegungsrichtung des Fahrzeugs mitzuziehen. Wichtig ist, dass der Hintergrund recht nahe an Ihrem Motiv ist, damit der verwischte Effekt gut zur Geltung kommt. Eine weitere Voraussetzung ist, dass das Fahrzeug parallel zur Kamera fährt und nicht etwa auf Sie zu. Das Foto rechts wurde im Nachhinein mit einem Bildbearbeitungsprogramm etwas schräg gestellt, sodass es noch dynamischer wirkt.

2 Sie brauchen

- z. B. Normalobjektiv 50 mm

3 Umsetzung

1. Wählen Sie für die Belichtung TV/S.
2. Stellen Sie bei einem fahrenden Motorrad eine Belichtungszeit von 1/60 s ein.
3. Stellen Sie einen niedrigen ISO-Wert ein, z. B. 100.
4. Stellen Sie an Ihrer Kamera „Reihenaufnahme" ein.
5. Fokussieren Sie mit einem einzelnen Autofokusfeld im Modus AF-C/AI-Servo auf das Motorrad.
6. Ziehen Sie die Kamera mit der Bewegung des Fahrzeugs mit und lösen Sie dabei aus.
7. Achten Sie darauf, dass auch während der Mitziehbewegung das Autofokusfeld auf das Motorrad zeigt.

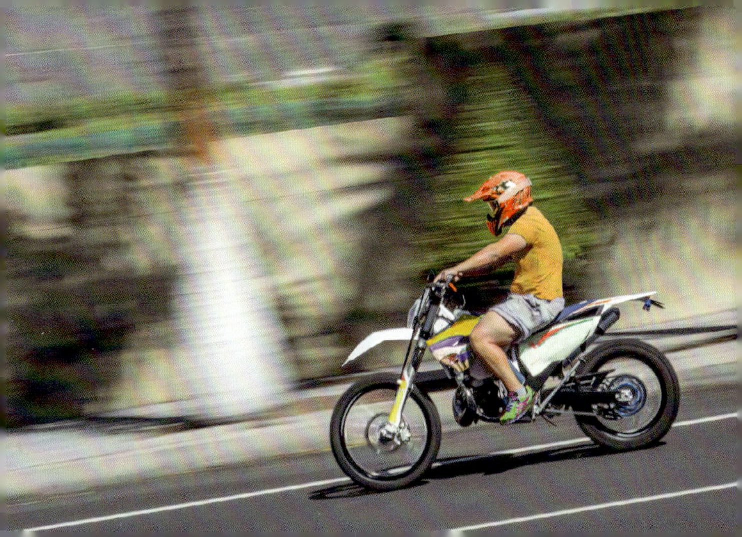

Weißabgleich bewusst ändern

1 Die Idee des Bildes

Sonnenuntergänge kann man nicht genug fotografieren, so erleben wir es jedenfalls immer wieder bei den Teilnehmern auf unseren Fotoreisen. Der Sonnenuntergang zieht sie magisch an. Damit es nicht langweilig wird, kann man als Bildgestaltungselement einfach mal den Weißabgleich ändern und so interessante Farbveränderungen erzielen. Im Bild rechts wirken die Farben überzogen, etwas mehr „blau" als in natura und sehr grell. Man kann solche und ähnliche Farbvarianten erzielen, wenn man den Weißabgleich am Tag auf Kunstlicht oder Neonlicht stellt. Aber bitte vergessen Sie nicht, den Weißabgleich hinterher wieder zurückzustellen ...

2 Sie brauchen

- z. B. Teleobjektiv 70–300 mm

3 Umsetzung

1. Wählen Sie für die Belichtung Av/A.
2. Stellen Sie eine mittlere Blendenzahl ein, z. B. *f*11.
3. Stellen Sie einen ISO-Wert von 100 ein.
4. Stellen Sie den Weißabgleich auf „Kunstlicht".
5. Fokussieren Sie mit einem einzelnen Autofokuspunkt ins erste Drittel des Bildes (siehe „Schärfentiefe im Bild", Skizze „Schärfentiefe-Ausdehnung im Bild"), nicht direkt in die Sonne.
6. Lösen Sie aus.
7. Kontrollieren Sie das Ergebnis. Sollte die Sonne zu hell sein, korrigieren Sie mit der Taste +/– auf –1 oder sogar –2.

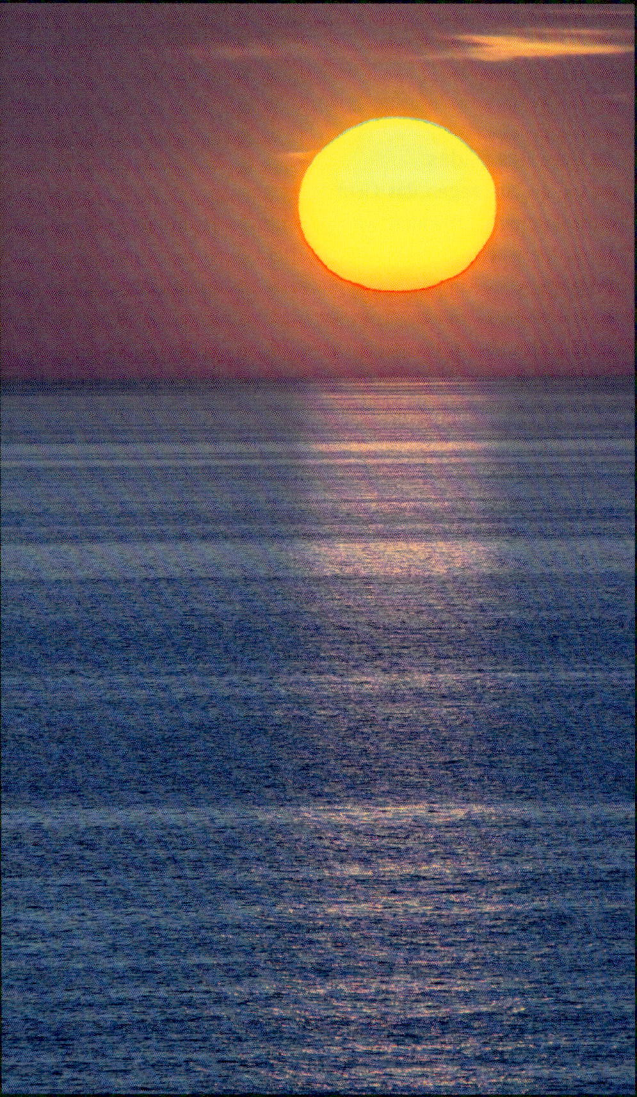

300 mm | f11 | 1/500 s | ISO 100

Blick ins Schaufenster

1 Die Idee des Bildes

Auch wenn Spiegelungen auf Glas oder Metall fotografisch locken und interessante Motive geben können, machen Sie einem manchmal das Leben schwer, wenn man sie vermeiden möchte. Denn ein Blick ins Schaufenster bleibt fotografisch oftmals eingeschränkt, wenn sich Lichtreflexe oder Abbildungen der Umgebung im Schaufenster spiegeln. Möchten Sie Ihr Foto so gestalten, dass man ins Fenster hineinblicken kann, benötigen Sie einen Polfilter (siehe „Nützliche Filter: Polfilter"). Wie Sie auf den Fotos rechts gut erkennen können, nimmt der Polfilter nicht nur die Spiegelungen von der Fensterscheibe und ermöglicht so den Blick auf die Auslage, sondern lässt auch die Farbe der Fensterläden und des Hauses kräftiger erscheinen, da hier die Lichtreflexe ebenfalls entfernt werden. Achten Sie darauf, dass der Polfilter die Belichtungszeit um etwa zwei Zeitstufen verlängert.

2 Sie brauchen

- z. B. Normalobjektiv 50 mm

3 Umsetzung

1. Wählen Sie für die Belichtung Av/A.
2. Stellen Sie eine mittlere Blendenzahl ein, z. B. f 8.
3. Stellen Sie ISO 400 ein.
4. Schrauben Sie den Polfilter aufs Objektiv.
5. Nehmen Sie mit der Kamera eine Position etwas schräg zum Schaufenster ein.
6. Drehen Sie an der vorderen Scheibe des Polfilters, bis die Spiegelungen auf der Fensterscheibe verschwinden.
7. Lösen Sie aus.

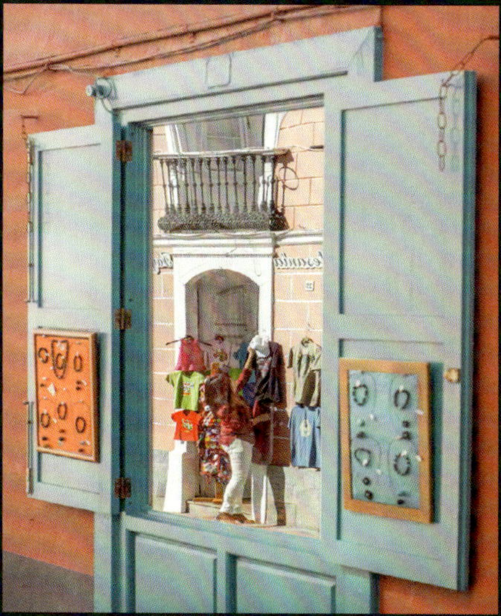

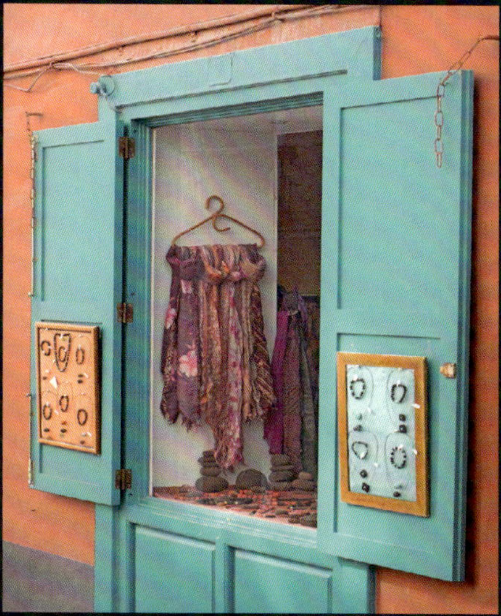

ohne Polfilter: 50 mm | f5,6 | 1/500 s | ISO 400
mit Polfilter: 50 mm | f5,6 | 1/125 s | ISO 400

Grauverlaufsfilter mal quer gestellt

1 Die Idee des Bildes

Der Grauverlaufsfilter wird bevorzugt in der Landschaftsfotografie eingesetzt, wenn ein hoher Helligkeitskontrast zwischen beispielsweise Himmel und Landschaft am Boden besteht (siehe „Nützliche Filter: Grauverlaufsfilter"). Für das Foto rechts haben wir den Filter bildgestalterisch mal etwas anders eingesetzt und so aufgeschraubt, dass der Grauverlauf von links nach rechts verläuft. Denn um die sehr schattige Straßenseite aufzuhellen, wurde die Plus-Minus-Taste (+/–) auf +2 gestellt. Damit bei dieser Einstellung die linke, ohnehin schon helle Straßenseite nicht überbelichtet wird, haben wir nun einen Grauverlaufsfilter so aufgeschraubt, dass der dunkelste Teil des Filters die helle Straßenseite abdunkelte. Heraus kam das nebenstehende Foto mit ausgeglichener Helligkeitsverteilung.

2 Sie brauchen

- z. B. Normalobjektiv 50 mm

3 Umsetzung

1. Wählen Sie für die Belichtung Av/A.
2. Stellen Sie eine mittlere Blendenzahl ein, z. B. f 8.
3. Stellen Sie einen niedrigen ISO-Wert ein, z. B. 200.
4. Schrauben Sie den Grauverlaufsfilter so auf das Objektiv, dass der stärkste Grauwert die helle Straßenseite abdunkelt, der Grauverlauf also quer verläuft.
5. Lösen Sie aus.

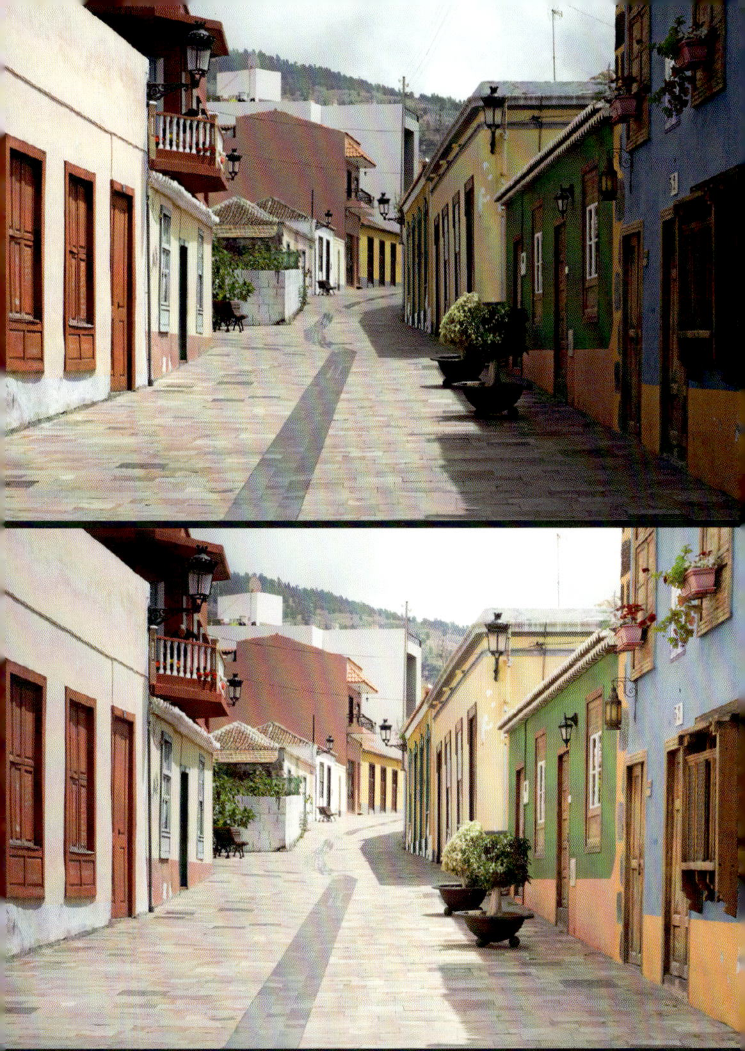

ohne Grauverlaufsfilter: 50 mm | f8 | 1/800 s | ISO 200
mit Grauverlaufsfilter Cokin 121 B: 50 mm | f8 | 1/200 s | ISO 200

Neblige Meeresküste durch Graufilter

1 Die Idee des Bildes

Stundenlang könnte man am Meer der Brandung zusehen und die aufspritzende Gischt fotografieren. Versuchen Sie das Bild so zu gestalten, dass die Küste nebelhaft erscheint. Hierzu benötigen Sie neben aufspritzender Gischt auch mehrere Sekunden Belichtungszeit. Da Sie am hellen Tag mit dem Belichtungsprogramm Av/A nicht auf so lange Belichtungszeiten kommen, brauchen Sie außerdem einen Graufilter, den Sie vor Ihr Objektiv schrauben (siehe „Nützliche Filter: Graufilter").

2 Sie brauchen

- z. B. Teleobjektiv 70–200 mm
- aufspritzendes Wasser
- Stativ

3 Umsetzung

1. Wählen Sie für die Belichtung Av/A.
2. Stellen Sie die Kamera auf ein Stativ.
3. Schalten Sie den Bildstabilisator aus.
4. Wählen Sie eine mittlere Blendenzahl, z. B. *f*11 oder *f*16.
5. Wählen Sie ISO 200.
6. Die resultierende Zeit sollte einige Sekunden lang sein.
7. Fokussieren Sie, bevor Sie den Filter aufschrauben, mit einem einzelnen Autofokusfeld.
8. Schrauben Sie den Filter aufs Objektiv.
9. Stellen Sie am Objektiv von „Autofokus" AF auf „manueller Fokus" MF, da sonst beim nächsten Antippen des Auslösers der Autofokus noch einmal neu fokussiert.
10. Lösen Sie mit dem Selbstauslöser oder Fernauslöser aus.

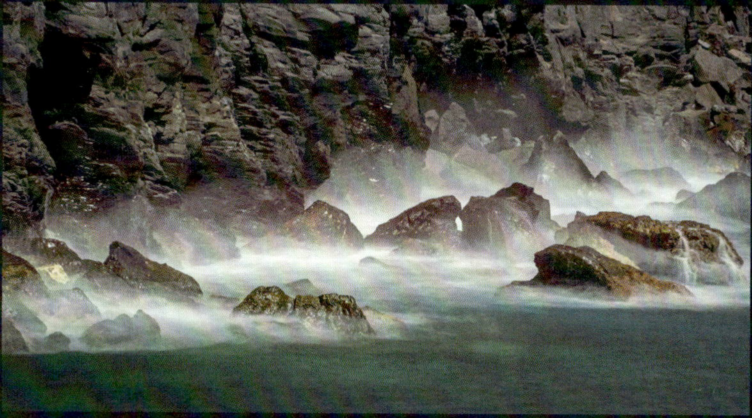

100 mm | f11 | 5 s | ISO 200 | Graufilter ND 3. 0 | 10 Blendenstufen | 1000-fach

Rot fällt auf

1 Die Idee des Bildes

Rot ist wohl eine der intensivsten Farben. Nicht umsonst wird es im Straßenverkehr an Schildern verwendet, die uns auf eine mögliche Gefahrensituation aufmerksam machen sollen. Auch wenn der rote Farbanteil im Gesamtbild auf dem Foto recht klein ist, fällt der rote Schutzhelm zwischen den anderen sofort auf. Inhaltlich deutet die rote Farbe auf die gefährliche Arbeit hin, die in dieser Umgebung einmal stattgefunden hat: Das Foto wurde in einem stillgelegten Stahlwerk aufgenommen. Für die Aufnahme wurde die Kamera auf ein Stativ gestellt.

2 Sie brauchen

- z. B. Teleobjektiv 70–200 mm
- Stativ

3 Umsetzung

1. Wählen Sie für die Belichtung Av/A.
2. Stellen Sie eine hohe Blendenzahl ein, z. B. *f*14.
3. Stellen Sie einen niedrigen ISO-Wert ein, z. B. 200.
4. Stellen Sie Ihre Kamera auf ein Stativ. Fokussieren Sie mit einem einzelnen Autofokusfeld auf den Schutzhelm.
5. Lösen Sie aus.

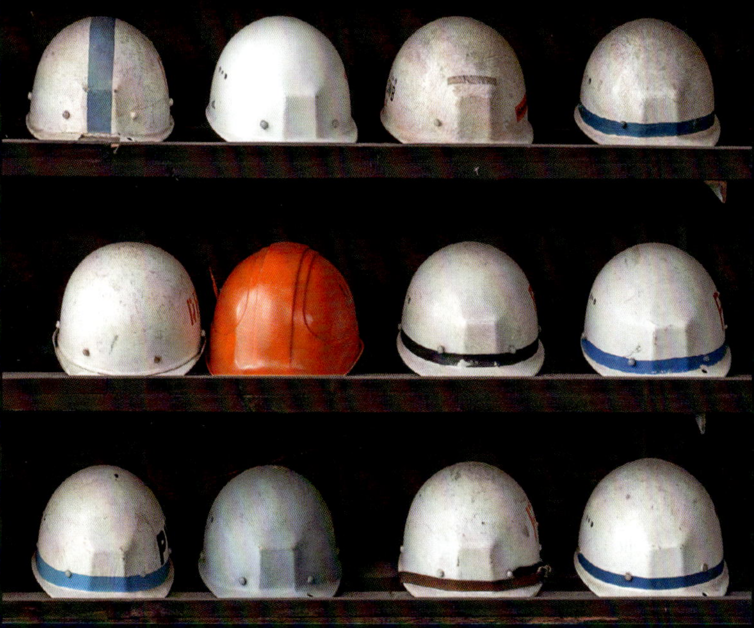

150 mm | f14 | 0,5 s | ISO 200

Wie doch die Zeit vergeht

1 Die Idee des Bildes

Wie Sie zu Anfang des Buches gelesen haben, steht die Farbe Grün in unserer Kultur für Natur (siehe „Gestalten mit Elementen des Bilddesigns"). In diesem Foto auf jeden Fall auch. Hier hat jemand sein Fahrrad wohl so lange draußen stehen lassen, bis sich die Natur einen kleinen Teil der Zivilisation – in Form des Fahrradsattels – zurückerobert hat. Die grün bemooste Satteldecke passt inhaltlich gut zu den verrosteten Metallteilen des Sattels und des Rahmens. Beides macht deutlich, dass schon eine Menge Zeit vergangen ist, denn für den Moosbewuchs hat es einige Zeit gebraucht, genau wie für die Entstehung der Rostflecken. Ein Foto, das Ruhe ausstrahlt und die Zeit vergehen lässt.

2 Sie brauchen

- z. B. Makroobjektiv 150 mm
- Stativ

3 Umsetzung

1. Wählen Sie für die Belichtung Av/A.
2. Stellen Sie eine mittlere Blendenzahl ein, z. B. *f*8.
3. Stellen Sie einen niedrigen ISO-Wert ein, z. B. 100 oder 200.
4. Stellen Sie die Kamera auf ein Stativ.
5. Fokussieren Sie mit einem einzelnen Autofokusfeld auf den Fahrradsattel.
6. Lösen Sie aus.

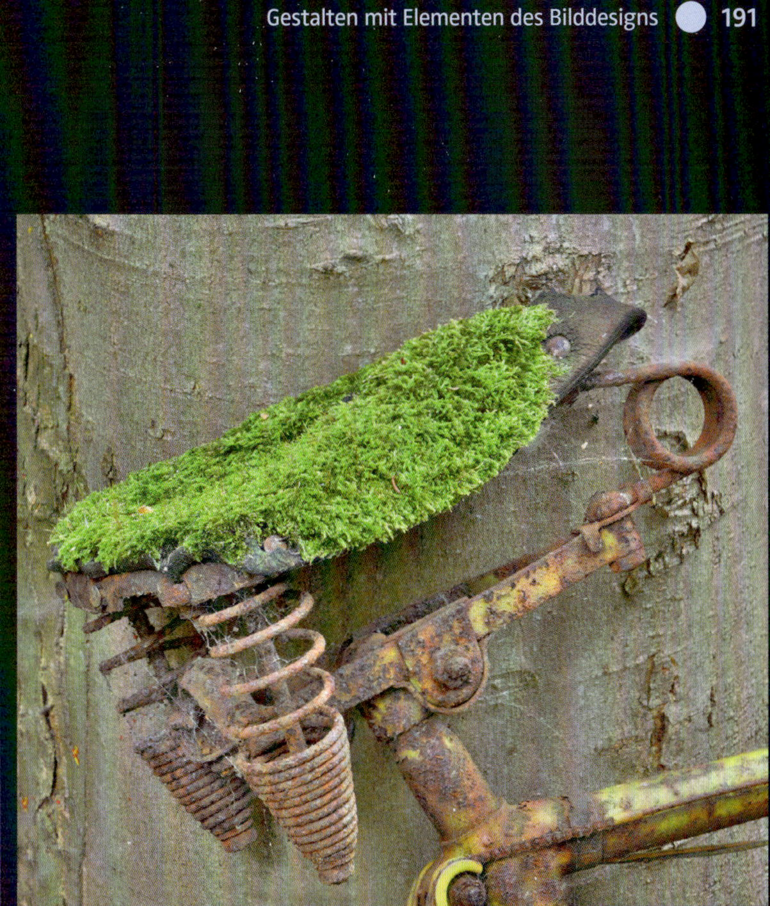

Sehnsucht in Blau

1 Die Idee des Bildes

Mehr Sehnsucht nach Urlaub kann ein Foto kaum ausdrücken: eine Reihe blauer Strandkörbe im Sand und blaues Meer, das man im Hintergrund erahnen kann. Blau gilt die Farbe der Sehnsucht, der Weite und des Meeres, hier inhaltlich in einem Foto zusammengefasst. Nutzen Sie die Assoziationen und Gefühle, die Farben auslösen, um Ihr Bild mit dem Gestaltungsmittel Farbe in seiner inhaltlichen Aussage zu unterstützen.

2 Sie brauchen

- z. B. Teleobjektiv 70–300 mm

3 Umsetzung

1. Wählen Sie für die Belichtung Av/A.
2. Stellen Sie eine mittlere Blendenzahl ein, z. B. *f*8.
3. Stellen Sie bei sonnigem Wetter einen niedrigen ISO-Wert ein, z. B. 200.
4. Fokussieren Sie mit einem einzelnen Autofokusfeld auf den vorderen Strandkorb.
5. Lösen Sie aus.

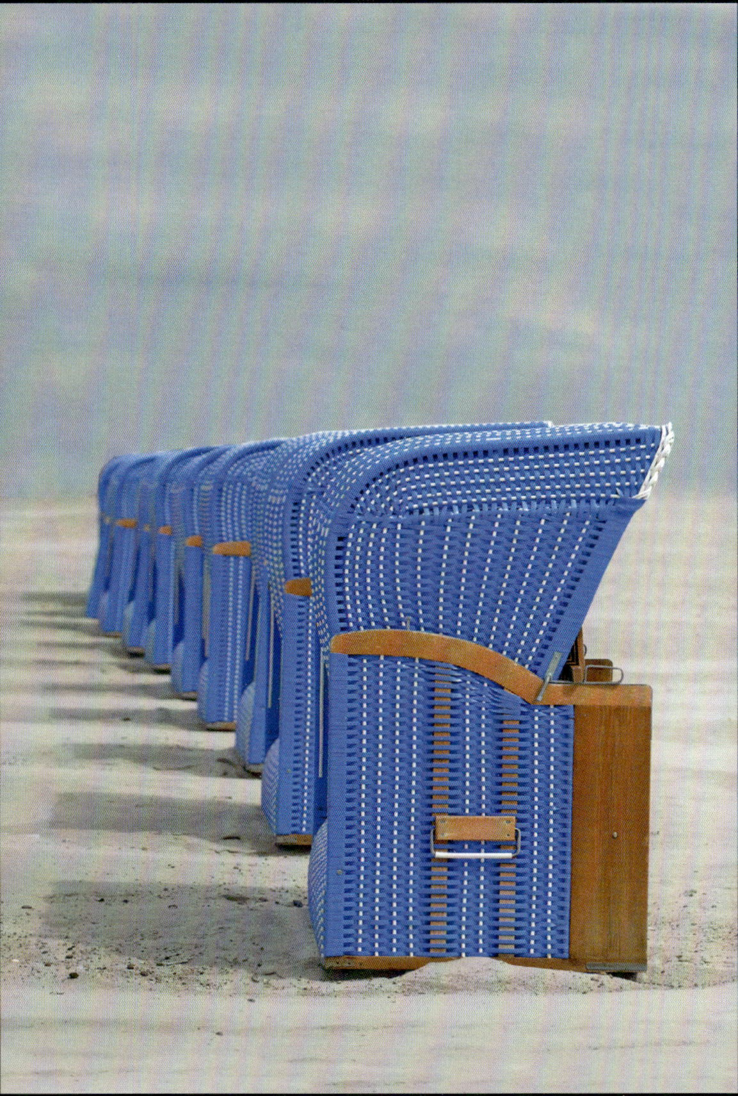

250 mm | f8 | 1/640 s | ISO 200

Leuchtend gelb

1 Die Idee des Bildes

Gelb ist hell und leuchtend und steht für Sonne und Gold. Die strahlende Kraft von Gelb wird besonders deutlich, wenn man Gelb neben einer anderen, eher gedeckten Farbe sieht. Auf einer rostigen Platte wurde hier das Wort „Ersatzteile" mit einer gelben Farbfläche untermalt und dadurch auffälliger gemacht. Bei der Aufnahme haben wir die Kamera leicht schräg gehalten, wodurch einerseits die Diagonale gelegt werden konnte, andererseits die Schrift leicht verzerrt und nach hinten kleiner werdend erscheint.

2 Sie brauchen

- z. B. Zoomobjektiv 18–55 mm
- Stativ

3 Umsetzung

1. Wählen Sie für die Belichtung Av/A.
2. Stellen Sie eine mittlere Blendenzahl ein, z. B. *f*8.
3. Stellen Sie einen niedrigen ISO-Wert ein, z. B. 200.
4. Stellen Sie die Kamera auf das Stativ.
5. Fokussieren Sie mit einem einzelnen Autofokusfeld.
6. Lösen Sie aus.

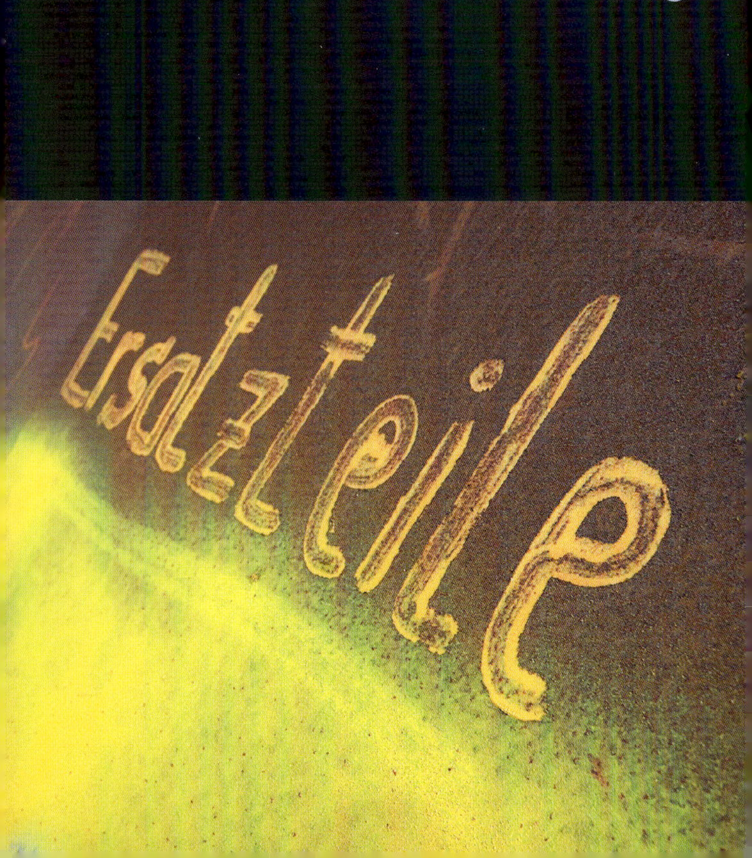
Ersatzteile

Gut getarnt in gedeckten Farben

1 Die Idee des Bildes

Gegenüber den vorangegangenen Workshops, in denen die Farben das Motiv intensiv und fast schon grell ins rechte Licht setzten, ist dieses Motiv erst auf den zweiten Blick zu erkennen. Monochrom – also farblich Ton in Ton – und in gedeckten Farben erschließt es sich erst bei genauem Hinsehen. Gut getarnt liegt das Wildschwein in seiner Suhle. Zusätzlich zu den „gedeckten Farben" lässt sich im Bild auch „Kontrastarmut" als Gestaltungsmittel entdecken. Obwohl sich das Wildschwein kaum vom Hintergrund abhebt, wirkt das Foto auf den Betrachter interessant und er ist überrascht, wenn er das Wildschwein entdeckt.

2 Sie brauchen

- z. B. Teleobjektiv 70–200 mm
- Stativ

3 Umsetzung

1. Wählen Sie für die Belichtung Av/A.
2. Stellen Sie eine mittlere Blendenzahl ein, z. B. *f*8 oder *f*11.
3. Stellen Sie einen ISO-Wert von 400 ein.
4. Stellen Sie die Kamera auf ein Stativ.
5. Fokussieren Sie mit einem einzelnen Autofokusfeld auf den Bauch des Wildschweins.
6. Lösen Sie aus.

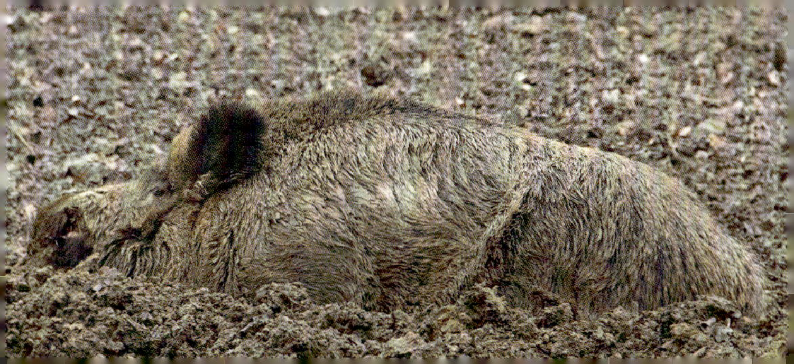

Die Zeitmaschine lässt grüßen

1 Die Idee des Bildes

Ein Bild wie vom Anfang des letzten Jahrhunderts und doch erst vor einigen Jahren aufgenommen. Die Idee war, das Foto einmal so zu gestalten, als wäre es zur Zeit unserer Großväter aufgenommen. Dazu mussten alle Requisiten stimmen, die Einrichtung, die Kleidung, die Frisur und auch die Haltung, denn damals wurden Personen auf Fotos anders gesetzt oder gestellt als heute. Und natürlich musste für eine solche Szene auch das Foto nicht farbig, sondern in Schwarz-Weiß aufgenommen werden. Das Foto haben wir nachträglich mit der internen Bildbearbeitung der Kamera in Sepia umgewandelt.

2 Sie brauchen

- z. B. Teleobjektiv 70–200 mm

3 Umsetzung

1. Wählen Sie für die Belichtung Av/A.
2. Stellen Sie eine mittlere Blendenzahl ein, z. B. *f*11.
3. Stellen Sie einen hohen ISO-Wert ein, z. B. 800.
4. Fokussieren Sie mit einem einzelnen Autofokusfeld auf die sitzende Person.
5. Lösen Sie aus.
6. Stellen Sie in der internen Bildbearbeitung Ihrer Kamera „Sepia“ ein und wandeln Sie das Bild in sepiagetönt um.

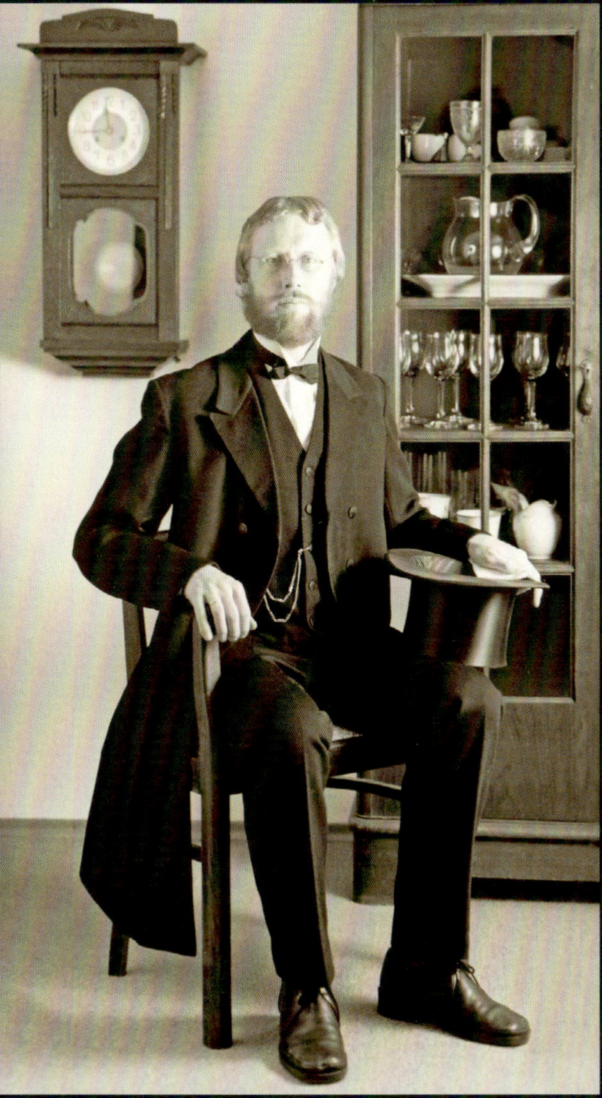

105 mm | f11 | 1/50 s | ISO 800

Muster-Foto

1 Die Idee des Bildes

Muster basieren auf sich wiederholenden Elementen und suggerieren, dass sich das Muster auch noch über den Bildrand hinaus fortsetzt. In diesem Fall stimmt das auch. Die beiden Muster auf dem Foto sind natürlich Fellzeichnungen. Zwei Giraffen stehen recht nahe hintereinander. Die Aufnahme wurde mit einem kleinen Blendenwert gemacht, sodass man auch die Fellzeichnung des hinteren Tiers noch gut erkennen kann, sie aber etwas unscharf ist. So heben sich vorderes und hinteres Muster gut voneinander ab, und das Foto bekommt mehr Räumlichkeit.

2 Sie brauchen

- z. B. Teleobjektiv 70–300 mm

3 Umsetzung

1. Wählen Sie für die Belichtung Av/A.
2. Stellen Sie eine kleine Blendenzahl ein, z. B. *f*5,6.
3. Stellen Sie einen mittleren ISO-Wert ein, z. B. 400.
4. Wählen Sie den Bildausschnitt so, dass keines der beiden Tiere ganz, sondern nur ein kleiner Teil des gemusterten Fells abgebildet wird.
5. Fokussieren Sie mit einem einzelnen Autofokusfeld auf die vordere Giraffe.
6. Lösen Sie aus.

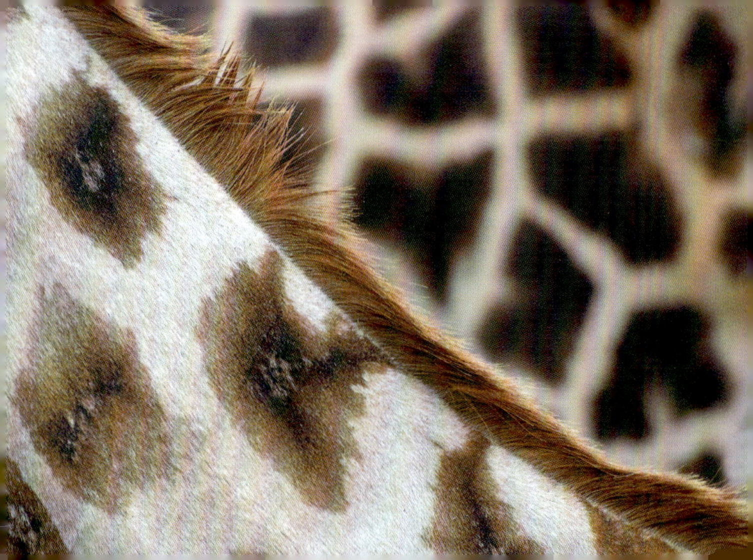

Fast fühlbar

1 Die Idee des Bildes

Mit Aufnahmen von rauen oder spitzen Strukturen können Sie den Tastsinn des Betrachters ansprechen. Jeder, der schon mal die Stacheln eines Kaktus zu spüren bekommen hat, mit der Hand über eine raue Maueroberfläche gestrichen oder eine borkige Baumrinde ertastet hat, wird sich bei Fotos, die diese Strukturen zeigen, an das Gefühl erinnern. Bei diesem Foto wird bei allen, die schon einmal Seile oder Taue angefasst haben – seien es Seile einer Kinderschaukel oder Schiffstaue im Hafen, die um die Poller geschlungen sind –, eine Tasterinnerung wachgerufen.

2 Sie brauchen

- z. B. Teleobjektiv 70–300 mm

3 Umsetzung

1. Wählen Sie für die Belichtung Av/A.
2. Stellen Sie eine mittlere Blendenzahl ein, z. B. *f*8.
3. Stellen Sie einen mittleren ISO-Wert ein, z. B. 400.
4. Fokussieren Sie mit einem einzelnen Autofokusfeld.
5. Lösen Sie aus.

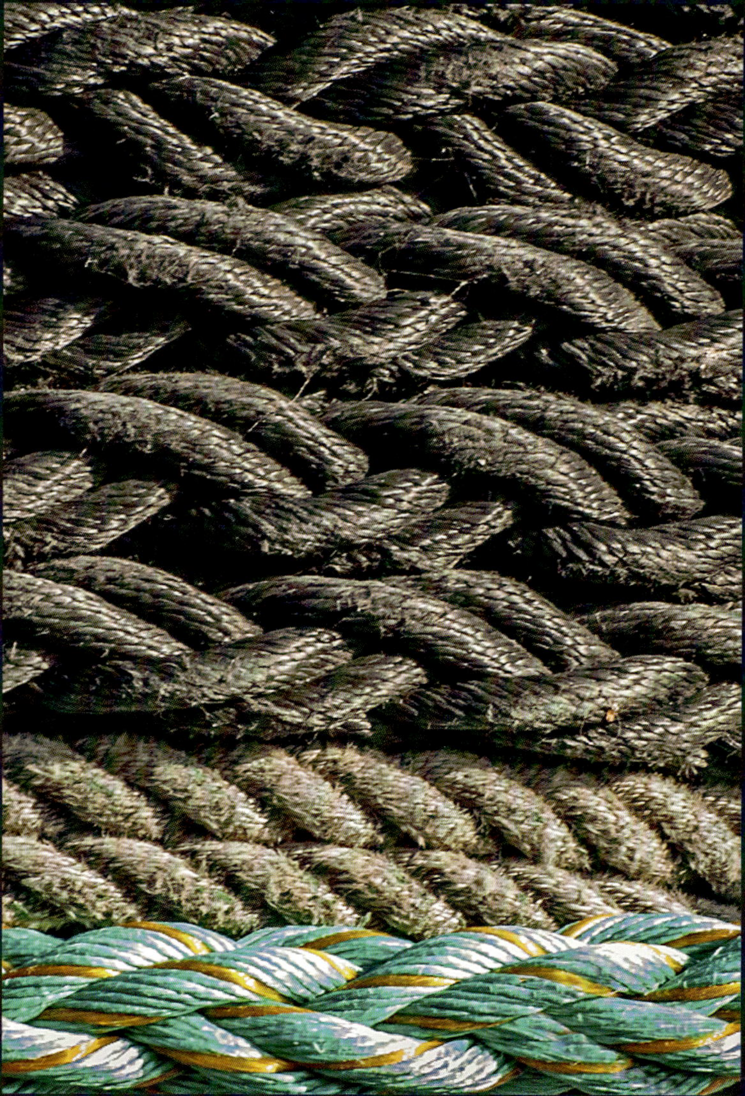

240 mm | f8 | 1/160 s | ISO 400

Gegenlicht

1 Die Idee des Bildes

Gegenlicht ergibt sich immer dann, wenn das Licht in Richtung des Fotografen fällt, also von hinten auf Ihr Motiv scheint. Eine solche Lichtsituation ist nicht immer einfach zu bewältigen, da ein lichtundurchlässiges Motiv meist etwas unterbelichtet wird und man es für die Aufnahme aufhellen muss. Eine relativ einfache und gleichzeitig wunderschöne Gegenlichtsituation ergibt sich immer dann, wenn das Licht durch lichtdurchlässige Motive fällt, z. B. durch Blätter. Es durchleuchtet das Blatt und hebt die Blattstrukturen hervor. Wenn Ihre Lichtquelle die Sonne ist, müssen Sie oftmals recht schnell sein, denn Blätter, die eben noch wunderschön durchleuchtet wurden, liegen kurz darauf wieder im Schatten, wenn das Sonnenlicht weiterwandert.

2 Sie brauchen

- z. B. Teleobjektiv 70–200 mm
- Stativ

3 Umsetzung

1. Wählen Sie für die Belichtung Av/A.
2. Stellen Sie eine mittlere Blendenzahl ein, z. B. *f*8.
3. Wählen Sie einen niedrigen ISO-Wert, z. B. 200.
4. Stellen Sie Ihre Kamera auf das Stativ.
5. Fokussieren Sie mit einem einzelnen Autofokusfeld auf die Blätter.
6. Lösen Sie aus.

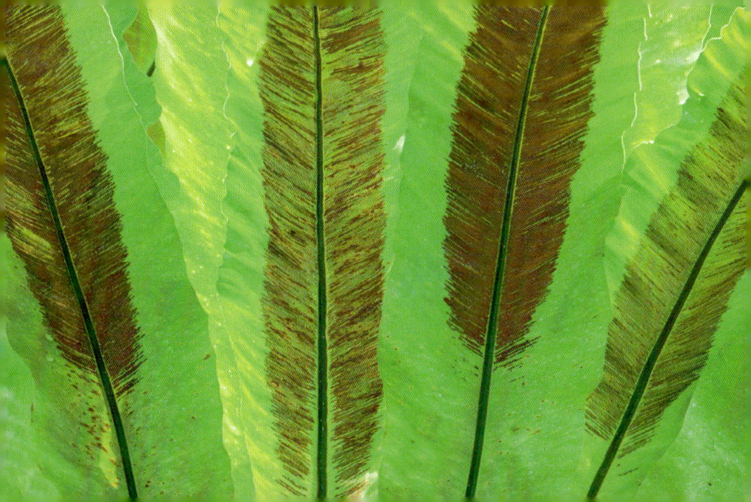

Dämonisches Licht

1 Die Idee des Bildes

Wenn Licht von unten auf Ihr Motiv scheint, ist dies erst einmal ungewohnt, da wir durch die Sonne gewohnt sind, dass das Licht von oben oder von der Seite kommt. Doch mit dieser künstlich geschaffenen Lichtsituation können Sie die Bildaussage dramatisch unterstützen. Die kleine Teufelsente auf dem Foto wirkt dämonischer durch das von unten gesetzte Licht. Das Foto erinnert durch das spannungsreiche Licht von unten und den großen Kontrast zwischen dunklen und angestrahlten Bereichen an eine Theateraufführung.

2 Sie brauchen

- z. B. Makroobjektiv 150 mm
- Stativ
- Taschenlampe

3 Umsetzung

1. Wählen Sie für die Belichtung Av/A.
2. Stellen Sie eine hohe Blendenzahl ein, z. B. *f*16.
3. Wählen Sie einen niedrigen ISO-Wert.
4. Stellen Sie Ihre Kamera auf ein Stativ.
5. Fokussieren Sie mit einem einzelnen Autofokusfeld auf die Ente.
6. Halten Sie die Taschenlampe so, dass das Licht die Ente von unten anleuchtet.
7. Lösen Sie mit dem Selbstauslöser oder einem Fernauslöser aus.

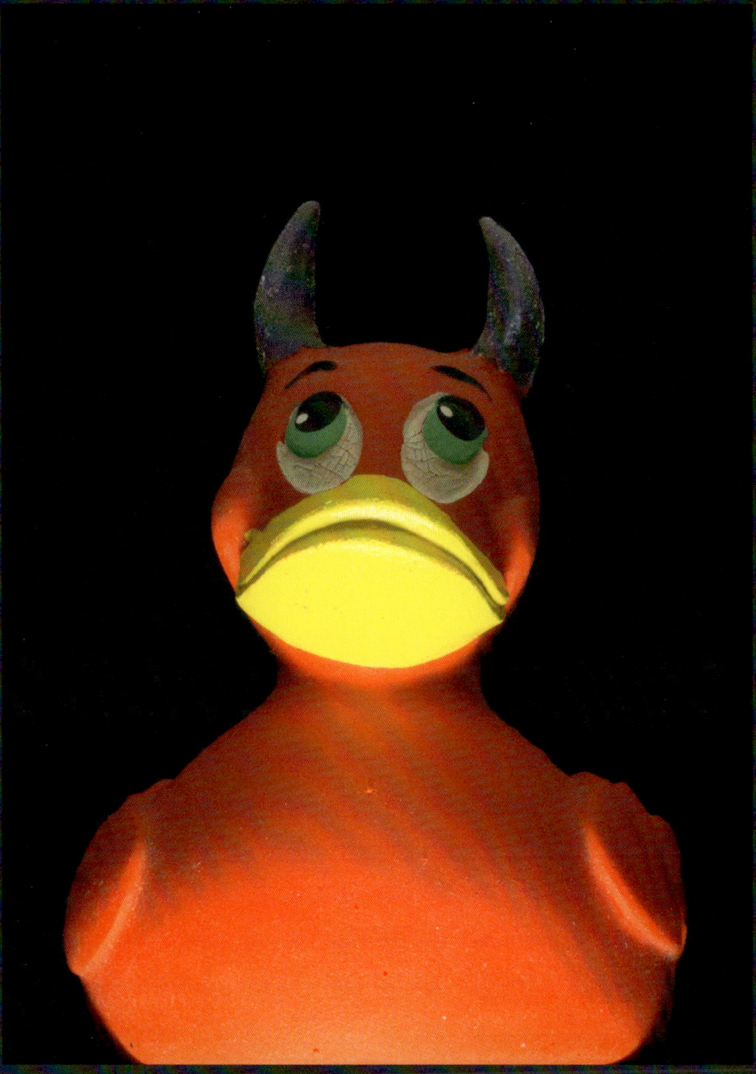

Makro 150 mm | ƒ16 | 0,5 s | ISO 100

Streiflicht

1 Die Idee des Bildes

Streiflicht eignet sich besonders, wenn Sie ein Motiv fotografieren wollen, dessen Oberfläche erhabene und abgesenkte Strukturen aufweist, wie z. B. Mauern oder der auf dem Foto abgebildete Mühlstein. Durch das seitlich einfallende Streiflicht am Nachmittag wurden hier den Strukturen des Mühlsteins durch abwechselnde Bereiche von Licht und Schatten Plastizität verliehen. Die Erhöhungen werden durch das Licht erhellt, und die Vertiefungen des Steins liegen im Schatten.

2 Sie brauchen

- z. B. Normalobjektiv 50 mm

3 Umsetzung

1. Wählen Sie für die Belichtung Av/A.
2. Stellen Sie eine mittlere Blendenzahl ein, z. B. *f*8.
3. Stellen Sie einen niedrigen ISO-Wert ein, z. B. 200.
4. Fokussieren Sie mit einem einzelnen Autofokusfeld auf den Mühlstein.
5. Lösen Sie aus.

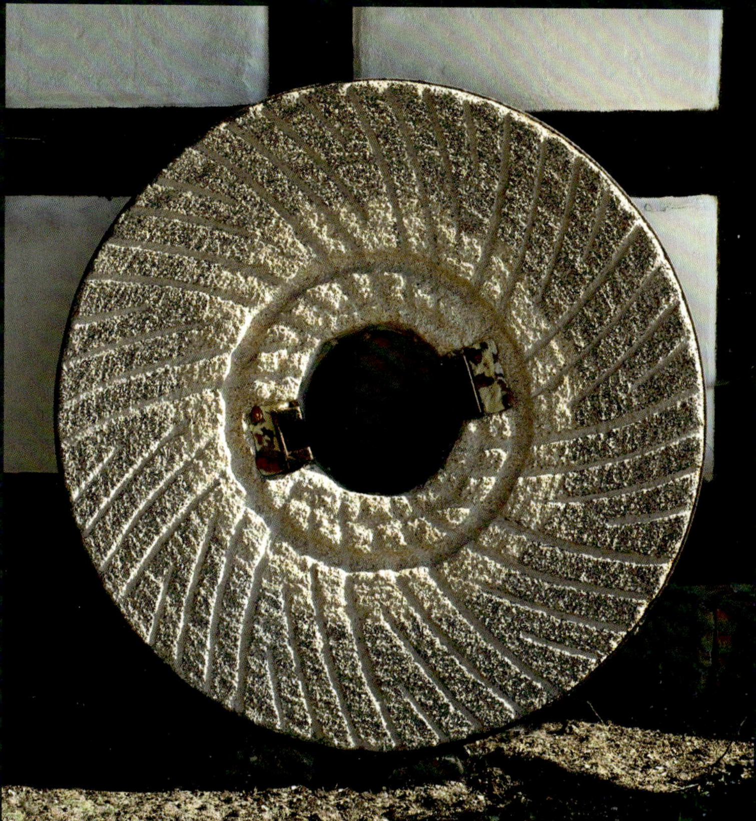

50 mm | f8 | 1/320 s | ISO 200

Spannendes Auflicht

1 Die Idee des Bildes

Licht von vorne, sogenanntes Auflicht, macht oftmals das Motiv flach. Doch in diesem Fall wurde ein künstliches Frontallicht etwas anders eingesetzt, als wir es von Sonnenlicht kennen, nämlich mit dem Spot einer OP-Lampe. Dadurch wird nur ein kleiner Teil des Bildes – das Gesicht – angestrahlt, und es entsteht ein hoher Kontrast zur Umgebung, die dadurch fast schon unheimlich wirkt. Dies wird zusätzlich unterstützt durch den Blick des Arztes und durch seine Armhaltung, die deutlich macht, dass er gleich fertig ist mit den Vorbereitungen und mit der OP beginnen wird.

2 Sie brauchen

- z. B. Teleobjektiv 70–200 mm
- Stativ
- Lampe mit Spotstrahler

3 Umsetzung

1. Wählen Sie für die Belichtung Av/A.
2. Stellen Sie eine mittlere Blendenzahl ein, z. B. *f*8.
3. Stellen Sie einen hohen ISO-Wert ein, z. B. 800.
4. Stellen Sie Ihre Kamera auf das Stativ.
5. Setzen Sie ein Spotlicht ins Gesicht des Modells.
6. Fokussieren Sie mit einem einzelnen Autofokusfeld auf den Kopf.
7. Lösen Sie aus.

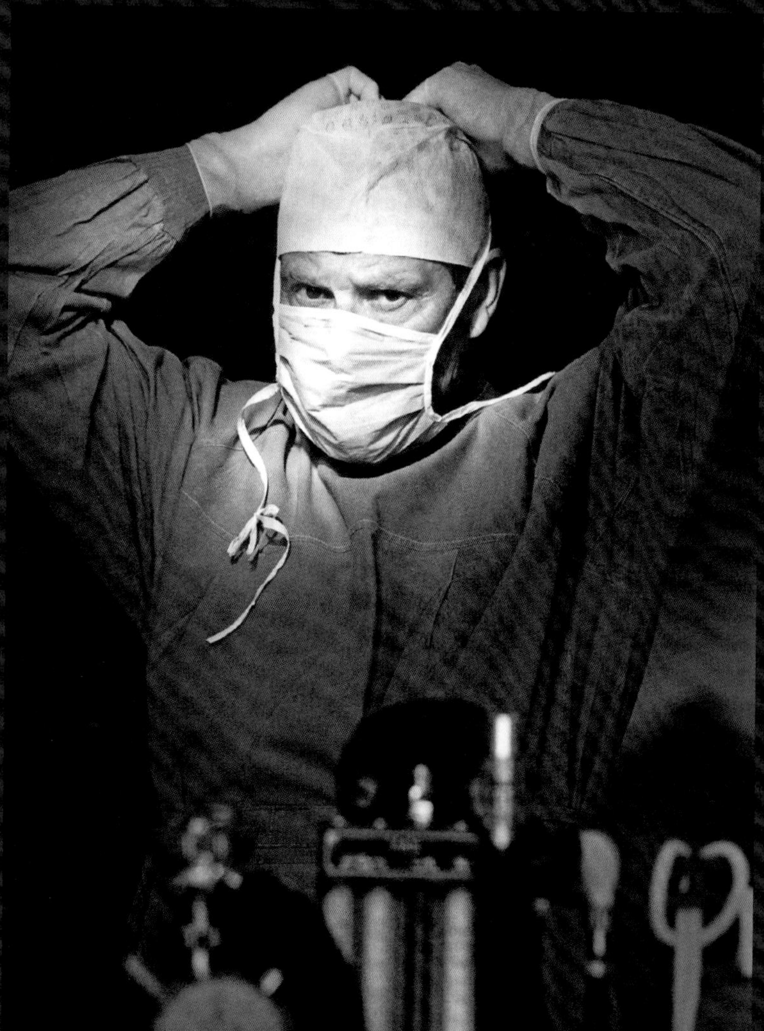

80 mm | f8 | 1/100 s | ISO 800

Der Standort bestimmt die Lichtwirkung

1 Die Idee des Bildes

Mit den beiden Bildern rechts möchten wir zeigen, dass der Standort beim Fotografieren einen enormen Einfluss auf die Lichtwirkung im Foto haben kann. Die beiden Fotos des Holzsteges wurden innerhalb von zwei Minuten gemacht. Was sich verändert hatte, war der Standort des Fotografen, mit dem Ergebnis, dass das untere Bild mehr Spannung und Räumlichkeit durch den ständigen Wechsel von Licht- und Schattenbereichen aufweist. Sie haben es sicher erkannt: Im oberen Bild liegt der Steg im Auflicht, wird also direkt von der Sonne angestrahlt. Beim unteren Bild herrscht Gegenlicht, das in diesem Fall wie Streiflicht die erhabenen Stellen des Steges beleuchtet und die tiefer liegenden Stellen im Schatten lässt.

2 Sie brauchen

- z. B. Teleobjektiv 70–200 mm

3 Umsetzung

1. Wählen Sie für die Belichtung Av/A.
2. Stellen Sie eine mittlere Blendenzahl ein, z. B. *f*11.
3. Stellen Sie einen niedrigen ISO-Wert ein, z. B. 200.
4. Wählen Sie den Standort so, dass das Sonnenlicht den Steg mit Auflicht bescheint.
5. Fokussieren Sie mit einem einzelnen Autofokusfeld im vorderen Drittel des Bildes.
6. Lösen Sie aus.
7. Machen Sie nun eine Aufnahme des Steges von einer anderen Position aus, sodass der Steg durch Licht und Schatten dreidimensionaler wirkt.

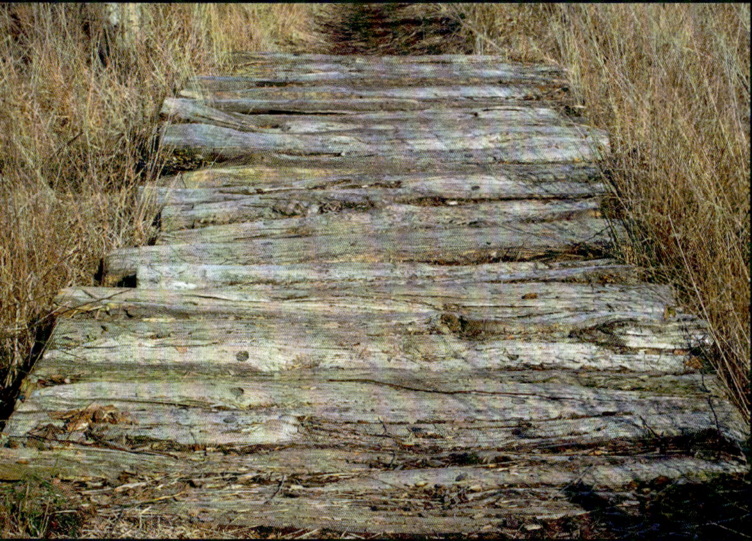

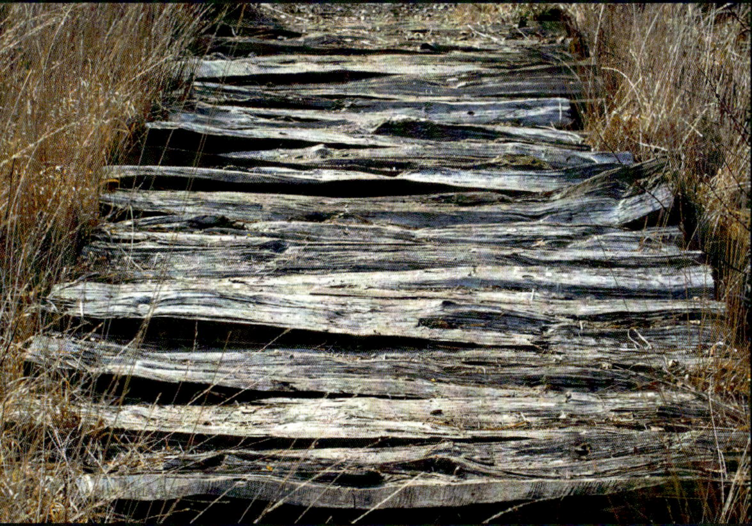

oben: 70 mm | f11 | 1/200 s | ISO 200, unten: 70 mm | f11 | 1/125 s | ISO 200

Mischlicht zur blauen Stunde

1 Die Idee des Bildes

Wenn Sie auf einem Foto gleichzeitig Tageslicht und Kunstlicht einfangen, ergibt sich eine ganz besondere Lichtstimmung. Das Foto rechts wurde nach Sonnenuntergang gemacht, als der Himmel ein tiefer und dunkler werdendes Blau annahm. Deshalb wird die Zeit nach Sonnenuntergang auch die „blaue Stunde" genannt. Zusammen mit Kunstlicht von Schaufenster, Leuchtschriften oder Straßenlaternen ergibt die Lichtmischung eine ganz eigene Stimmung. Bei den Laternen rechts wirkt der gelblich warme Ton als Kontrast zum kühlen blauen Himmel.

2 Sie brauchen

- z. B. Teleobjektiv 70–300 mm

3 Umsetzung

1. Wählen Sie für die Belichtung Av/A.
2. Stellen Sie eine mittlere Blendenzahl ein, z. B. *f*11.
3. Stellen Sie einen mittleren ISO-Wert ein.
4. Fokussieren Sie mit einem einzelnen Autofokusfeld auf eine der beiden vorderen Laternen.
5. Lösen Sie aus.

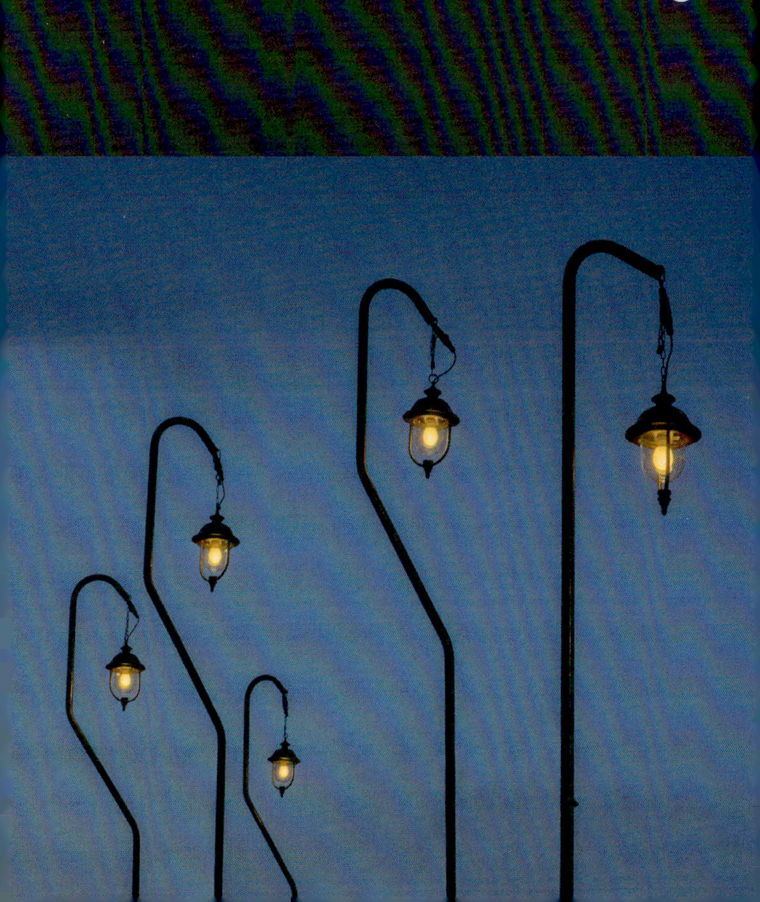

Farbkontrast und mehr

1 Die Idee des Bildes

Auch mit Kontrasten können Sie Spannungen in Ihren Fotos erzeugen. Doch die Spannung im Foto rechts ergibt sich nicht allein durch den Farbkontrast zwischen der grünen Flasche und den beiden gelblich-rötlichen Flaschen. Hier wurde durch die sehr weit geöffnete Blende des Objektivs nur wenig scharf abgebildet. Die Flasche rechts im Bild und der Hintergrund scheinen im Gegenlicht diffus zu verschwimmen. Neben dem Farbkontrast beinhaltet das Bild also auch einen Kontrast zwischen scharfen und unscharfen Bereichen.

2 Sie brauchen

- z. B. Normalobjektiv 50 mm
- möglichst alte farbige Flaschen

3 Umsetzung

1. Wählen Sie für die Belichtung Av/A.
2. Stellen Sie eine sehr kleine Blendenzahl ein, z. B. *f*2.
3. Stellen Sie einen niedrigen ISO-Wert ein, z. B. 200.
4. Fokussieren Sie mit einem einzelnen Autofokusfeld auf die linke vordere Flasche.
5. Lösen Sie aus.

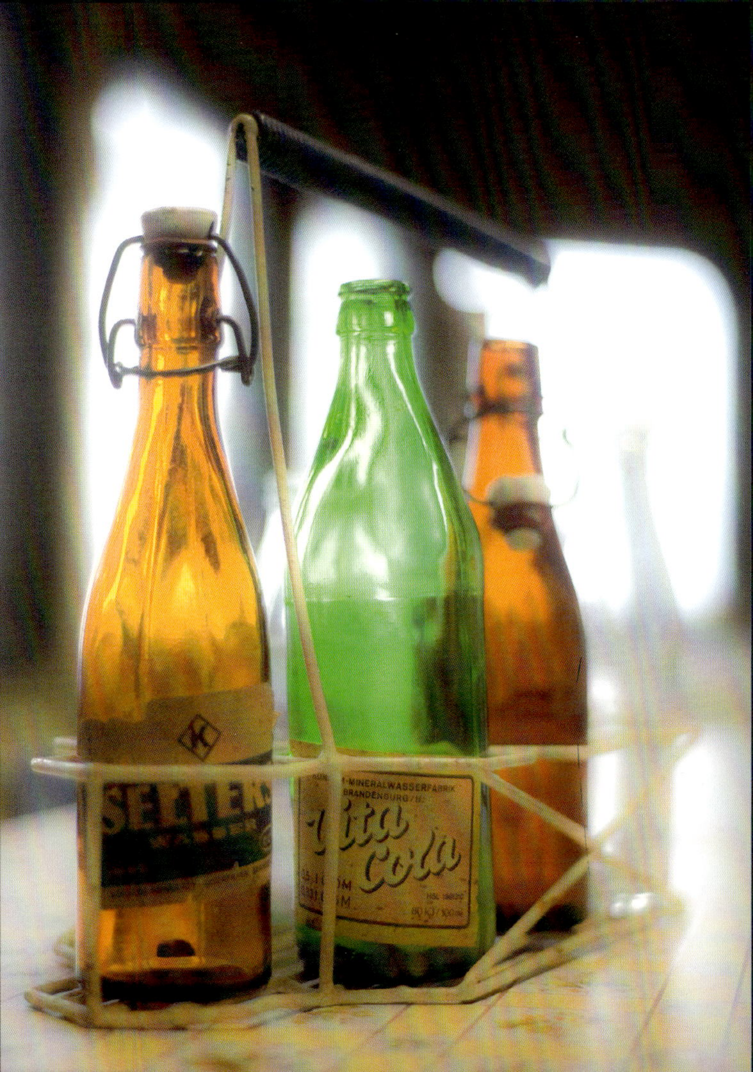
MINERALWASSERFABRIK
Cola

Hell-Dunkel-Kontrast

1 Die Idee des Bildes

Um die Samenschoten des Silberblattes spannungsreich zu fotografieren, bot sich ein Hell-Dunkel-Kontrast an, da das Silberblatt direkt am Waldesrand stand. Um die hellen Schoten so zu belichten, dass sie nicht überstrahlen, haben wir mit der Plus-Minus-Taste (+/–) die Belichtung auf –1 gesetzt. Gleichzeitig wurde dadurch der ohnehin schon dunkle Hintergrund noch dunkler, fast schwarz. So wurde hier auf einfache und elegante Weise ein spannungsreicher Kontrast noch verstärkt. Die silbernen Schoten heben sich nun noch besser vom Hintergrund ab, sie sind vom Hintergrund freigestellt.

2 Sie brauchen

- z. B. Makroobjektiv 150 mm

3 Umsetzung

1. Wählen Sie für die Belichtung Av/A.
2. Stellen Sie eine mittlere Blendenzahl ein, z. B. *f*11.
3. Stellen Sie einen ISO-Wert von 200 ein.
4. Fokussieren Sie mit einem einzelnen Autofokusfeld auf eine der Samenschoten.
5. Lösen Sie aus.
6. Kontrollieren Sie, ob die silbernen Schoten nicht überlichtet sind. Sollte dies der Fall sein, korrigieren Sie mit der Taste +/– auf –1.
7. Lösen Sie erneut aus.

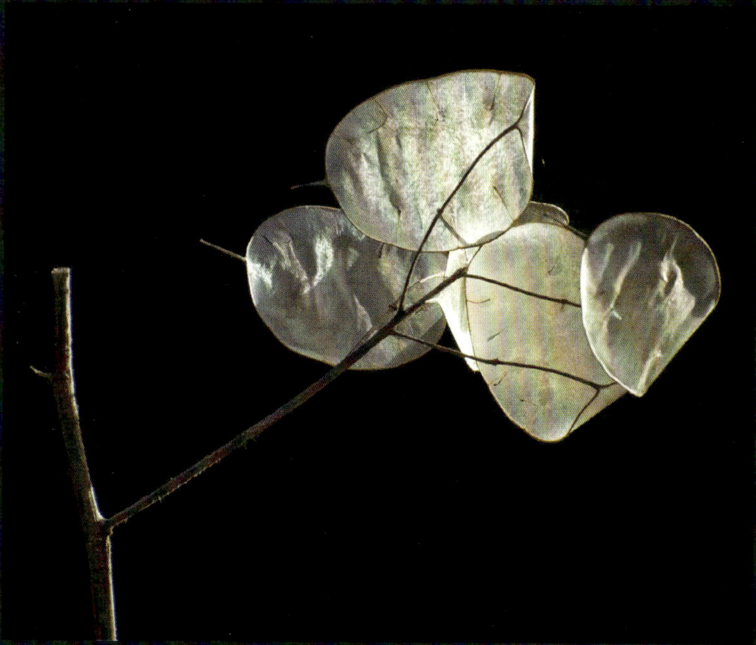

Makro 150 mm | f11 | 1/320 s | ISO 200

Ganz nah dran

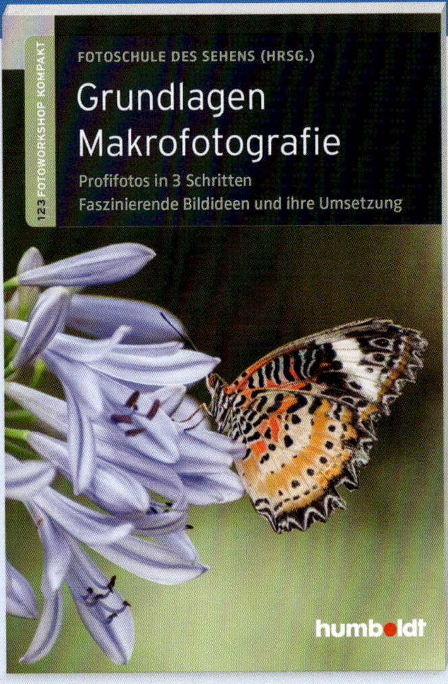

- Für den gelungenen Einstieg in die Makrofotografie, kein theoretisches Wissen nötig!
- 64 faszinierende Bildideen und ihre Umsetzung
- Beispiele und Anleitungen für alle wichtigen Makro-Motive – für drinnen und draußen: Pflanzen, Insekten, Naturausschnitte, Produkte wie Münzen oder Schmuck, u. v. m.

Stand Juni 2017. Änderungen vorbehalten.

Fotoschule des Sehens (Hrsg.)

Grundlagen Makrofotografie

224 Seiten, ca. 100 Fotos
11,8 x 17,0 cm, Broschur
ISBN 978-3-86910-211-5
€ 16,99 [D]/€ 17,50 [A]

Der Ratgeber ist auch als eBook erhältlich.

Urlaubsfotos wie vom Profi

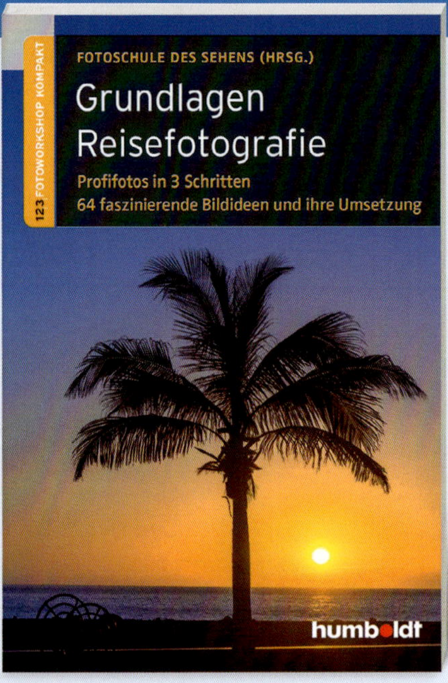

- Sensationell einfaches Konzept für alle Foto-Einsteiger, die sich nicht mit endloser Theorie aufhalten möchten
- In drei Schritten zum perfekten Foto!
- Zahlreiche Bildideen, Anleitungen und Profitipps für alle Reisemotive: Landschaft, Architektur, Menschen, Pflanzen

Fotoschule des Sehens (Hrsg.)

Grundlagen Reisefotografie

224 Seiten, über 120 Fotos und Grafiken
11,8 x 17,0 cm, Broschur
ISBN 978-3-86910-212-2
€ 16,99 [D]/€ 17,50 [A]

Der Ratgeber ist auch als eBook erhältlich.

Stand Juni 2017. Änderungen vorbehalten.

Bibliografische Information der Deutschen Nationalbibliothek
Die Deutsche Nationalbibliothek verzeichnet diese Publikation in der Deutschen Nationalbibliografie; detaillierte bibliografische Daten sind im Internet über http://dnb.ddb.de abrufbar.

ISBN 978-3-86910-357-0 (Print)
ISBN 978-3-86910-404-1 (PDF)
ISBN 978-3-86910-405-8 (EPUB)

Die Autoren: Der Fotografenmeister Peter Uhl und die Dipl.-Biologin Martina Walther-Uhl sind Fotografen aus Leidenschaft. Gemeinsam zeigen sie Hobbyfotografen in ihrer Fotoschule des Sehens, wie auch ohne große Vorkenntnisse faszinierende Fotos entstehen. Ihre Fotoseminare sind so erfolgreich, weil sie Einsteiger und Fortgeschrittene zu schnellen Erfolgserlebnissen führen und damit den Spaß am Fotografieren vervielfachen.

Originalausgabe

Eine Marke der Schlüterschen Verlagsgesellschaft mbH & Co. KG,
Hans-Böckler-Allee 7, 30173 Hannover
www.schluetersche.de
www.humboldt.de

Lektorat: Dateiwerk GmbH, Nathalie Röseler, Pliening
Covergestaltung: semper smile Werbeagentur GmbH, München
Fotos: Fotoschule des Sehens
Satz: PER Medien+Marketing GmbH, Braunschweig
Druck und Bindung: Grafisches Centrum Cuno GmbH & Co. KG, Calbe